Paris
1829

SPINDLER, C.

L'Elexir du diable

Histoire tirée des papier du frère Médard, capucin

Tome 2

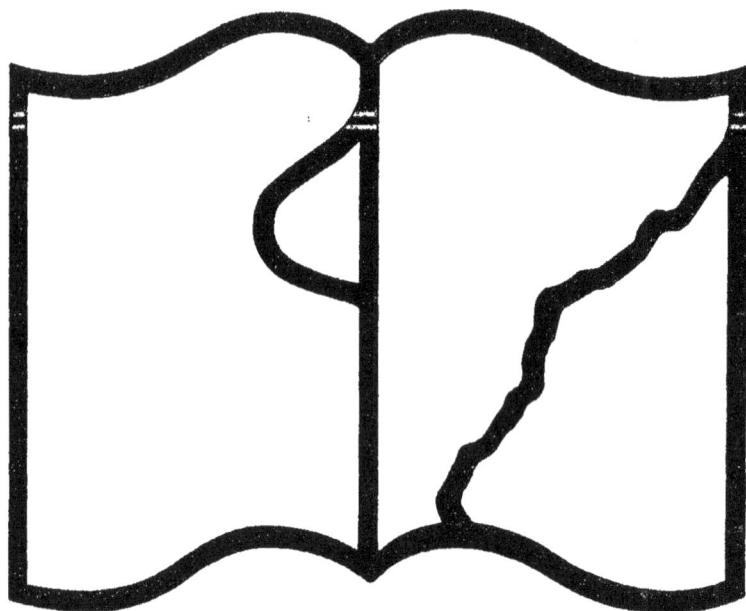

**Symbole applicable
pour tout, ou partie
des documents microfilmés**

Texte détérioré — reliure défectueuse

NF Z 43-120-11

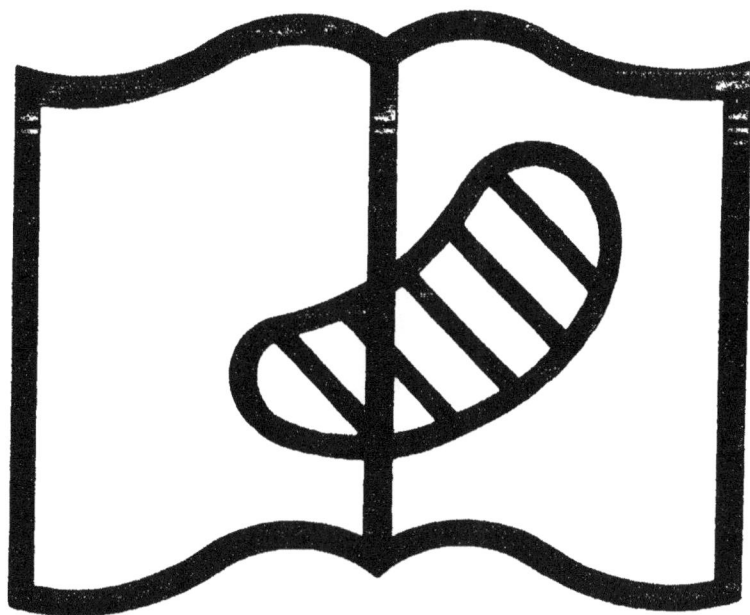

Symbole applicable
pour tout, ou partie
des documents microfilmés

Original illisible

NF Z 43-120-10

L'ÉLIXIR DU DIABLE.

PARIS. — IMPRIMERIE DE COSSON,
rue Saint-Germain-des-Prés, n° 9.

L'ÉLIXIR
DU DIABLE,

Histoire tirée des papiers

DU FRÈRE MÉDARD, CAPUCIN.

PUBLIÉE

PAR C. SPINDLER,

ET TRADUITE DE L'ALLEMAND

PAR JEAN COHEN.

TOME SECOND.

PARIS,

MAME ET DELAUNAY-VALLÉE, LIBRAIRES,

RUE GUÉNÉGAUD, Nº 25.

1829.

L'ELIXIR

DU DIABLE.

CHAPITRE PREMIER.

Quand les premiers rayons du soleil percèrent l'épaisseur du bois, je me vis à côté d'un ruisseau limpide qui coulait en murmurant entre les cailloux. Le cheval que j'avais conduit avec peine à travers le taillis se tenait tranquillement à côté de moi, et je n'eus rien de mieux à faire qu'à examiner la valise dont il était chargé. J'y trouvai du linge, des habits et une bourse bien garnie d'or. Je résolus de changer sur-le-champ de costume. A l'aide d'une paire de ciseaux et d'un peigne, que renfermait aussi la valise, je me coupai la barbe et m'arrangeai tant bien que mal les cheveux. Je me dépouillai de la robe, après en avoir retiré le fatal couteau , le porte-feuille du comte Victorin et le flacon avec le reste de l'élixir du diable, et je me trouvai en peu d'instans en costume de voyageur, le bonnet à poil sur la tête, en sorte qu'en me regardant dans le ruisseau, j'eus de la peine à reconnaître ma propre figure.

J'arrivai bientôt à la sortie du bois, et la fumée que je vis s'élever dans le lointain, jointe au son d'une cloche, m'annoncèrent le voisinage d'un village. En effet, à peine eus-je gravi la côte que je découvris à mes pieds une belle vallée dans laquelle était situé un bourg. Je descendis la large route qui conduisait au bas de la montagne , et aussitôt que le chemin fut devenu un peu moins rapide , je m'élançai sur le cheval afin de

m'accoutumer peu à peu à un exercice
qui m'était tout-à-fait étranger.

J'avais caché la robe de capucin dans
le creux d'un arbre, et il me semblait
avoir dépouillé avec elle tous les souvenirs fâcheux que j'avais apportés avec
moi du château. Je me sentais content
et plein de courage; je me convainquis
que ce n'avait été que mon imagination
exaltée qui m'avait fait voir la figure
sanglante de Victorin, et que les dernières paroles que j'avais adressées aux
personnes qui me poursuivaient, sorties
de ma bouche en quelque façon à mon
insu, avaient dévoilé le véritable mystère
du sort qui m'avait amené au château,
et des actions que j'y avais faites. L'image
d'Aurélie vivait seule encore dans mon
cœur, et je ne pouvais penser à elle sans
sentir ma poitrine se serrer et éprouver
une vraie douleur physique. En attendant, je ne parvenais pas à chasser la

pensée que j'étais destiné à la revoir
dans des climats lointains, et que, poussée
par les efforts irrésistibles des circonstances, elle finirait par s'unir à moi
par des chaînes indissolubles.

Je remarquai que les gens qui me
rencontraient s'arrêtaient et me sui-
vaient des yeux avec étonnement. L'au-
bergiste chez qui je descendis put à
peine trouver des mots pour exprimer sa
surprise. Cette conduite m'inquiéta.
Pendant que je déjeunais et que je faisais
donner de l'avoine à mon cheval, plusieurs paysans se rassemblèrent dans la
salle commune, me regardèrent de côté
et chuchotèrent ensuite entre eux. La
foule augmentait toujours ; elle formait
un cercle autour de ma personne, et
continuait à fixer sur moi ses regards avec
l'étonnement de l'imbécillité. Je m'effor-
çai de paraître calme et de sang-froid, et
j'appelai à haute voix l'hôte pour lui

dire de seller mon cheval et d'y attacher
ma valise. Il sortit en souriant d'un
air équivoque, et revint bientôt après
avec un homme long et maigre qui s'approcha de moi avec une gravité comique
et de l'air sombre et important d'un magistrat de campagne. Il me regarda
fixement, je fis de même, et me levant
je me posai en face de lui. Ce mouvement parut l'embarrasser un peu ; il
regarda autour de la chambre, les
paysans rassemblés.

« Eh bien, que me veut-on ? m'é-
criai-je ; vous paraissez avoir quelque
chose à me dire. »

A ces mots, l'homme grave toussa,
cracha, et dit en s'efforçant de donner
une grande importance à son ton :

« Monsieur, vous ne partirez d'ici que
quand vous nous aurez déclaré positive-

ment, à nous qui sommes le juge de
l'endroit, qui vous êtes , c'est-à-dire
quand vous nous aurez appris tous les
détails qui concernent votre naissance ,
votre profession et votre rang, ainsi que
les motifs qui vous ont amené ici , le
lieu où vous avez intention de vous rendre , duquel lieu vous aurez à me faire
connaître le nom , la province et la situation , et tout ce qui s'y rapporte
encore , et , à cet effet, il faudra que
vous nous montriez , à nous , magistrat,
un passe-port signé et scellé avec toutes
les qualités , conformément au droit et
à l'usage. »

. Jusqu'à ce moment je n'avais pas
pensé qu'il pût être nécessaire de prendre
un nom, et je me doutais bien moins
encore que la singularité de mon apparence, mon costume qui tranchait avec
mes manières monastiques et ma barbe
mal taillée, me mettraient dans des em-

barras continuels en m'exposant aux
recherches que l'on pourrait faire.
Aussi les questions inquisitoriales du
magistrat me prirent tellement à l'im-
proviste que je cherchai vainement à lui
faire une réponse satisfaisante. Je résolus, d'après cela, d'essayer si la hardiesse ne me réussirait pas, et je dis
d'une voix ferme :

« J'ai des raisons de cacher qui je
suis, et, d'après cela, vous demandez
en vain à voir mon passe-port. Pour le
reste, gardez-vous bien de retenir un
seul instant une personne de mon rang
par votre sot bavardage. »

« Oh! oh! s'écria le magistrat en tirant de sa poche une énorme tabatière
dans laquelle, pendant qu'il prenait sa
prise, les cinq mains de ses acolytes
plongèrent à côté de la sienne ; oh! oh !
un peu plus de douceur, s'il vous plaît,
Monseigneur. Il faudra que Votre Excel-

lence obéisse à nous, magistrat, et qu'elle nous montre son passe-port : car depuis quelque temps ces montagnes sont remplies de toutes sortes de mauvais sujets, très-suspects, qui sortent par momens des bois et disparaissent ensuite, comme le diable en personne. Ce sont d'infâmes brigands qui guettent les voyageurs, et répandent de tous côtés le meurtre et l'incendie. Or, Votre Excellence a une mine si étrange qu'elle ressemble comme deux gouttes d'eau à certain voleur fameux de qui le gouvernement a envoyé à nous, magistrat, le signalement avec tous ses détails et qualités. En conséquence, sans plus de difficultés et de cérémonies, il faut nous montrer votre passe-port ou marcher en prison. »

Je vis que je n'arriverais pas à mon but par l'effronterie, et j'essayai d'après cela d'un autre moyen.

« Très-vénérable magistrat, lui dis-je,
si vous voulez me faire la grâce de permettre que je vous parle en particulier,
je lèverai facilement tous vos doutes,
et plein de confiance en votre sagesse
et en votre prudence, je vous ferai connaître la cause secrète qui m'a fait paraître en votre présence sous un si singulier costume. »

« Ah ! ah ! reprit le juge, des secrets
à découvrir ! Je devine déjà ce que c'est.
Retirez-vous, vous autres; mais surveillez
bien les portes et les fenêtres, et ne lais-
sez entrer ni sortir personne de cette auberge. »

Quand nous nous trouvâmes seuls, je
commençai en ces termes :

« Vous voyez en moi, monsieur le
juge, un malheureux fugitif, qui a
réussi à la fin, par le secours de ses

amis, à fuir une prison douloureuse et
le danger de se voir à jamais renfermé
dans un cloître. Epargnez-moi les détails de mon histoire, qui ne serviraient
qu'à dévoiler les ruses et la perversité
d'une famille vindicative. Mon amour
pour une jeune fille d'un rang inférieur
au mien a été la première cause de
mes souffrances. Dans ma longue cap-
tivité, j'avais laissé croître ma barbe;
déjà l'on m'avait fait tonsurer, ainsi
que vous pouvez le voir, et revêtir d'une
robe de moine. Ce n'est qu'après ma
fuite que j'ai pu changer de costume
dans le bois voisin, parce que j'ai craint
jusqu'alors qu'on ne me poursuivît.
Vous comprenez maintenant la cause de
ce que vous avez trouvé d'étrange dans
mes manières et des soupçons qu'elles
vous ont fait concevoir. Vous voyez bien
qu'il me serait impossible de vous montrer un passe-port; mais je me crois
malgré cela en état de vous démontrer

par des argumens péremptoires la vérité
de ce que je viens de dire. »

En achevant ces mots je tirai ma
bourse et je posai sur la table trois brillans ducats... A cette vue la gravité du
magistrat se changea en un sourire.

« J'avoue, Monsieur, dit-il, que vos
argumens ne manquent pas de profondeur; mais permettez-moi d'observer
qu'il leur manque une qualité de parfait
équilibre. La *parité* entre mes soupçons
et ces argumens n'est pas encore telle que
je la désirerais. »

Je compris ce qu'il voulait dire par
sa *parité*, et j'ajoutai un quatrième ducat
aux trois autres.

« Je vois maintenant, continua-t-il,
que mes soupçons ont été fort injustes.
Continuez votre voyage ; mais croyez-

moi, suivez les routes de traverse, et évitez les grands chemins jusqu'à ce que vous soyez parvenu à vous défaire entièrement de ce qu'il y a d'étrange dans vos manières. »

Il ouvrit ensuite la porte toute grande, et dit à haute voix à la multitude rassemblée :

« Ce monsieur est un homme d'importance sous tous les rapports; il s'est fait connaître à nous, magistrat, dans une audience particulière ; il voyage *incognito*, c'est-à-dire d'une manière inconnue, et vous autres, coquins, n'avez rien à lui demander à ce sujet !.. Bon voyage, Monsieur. »

Les paysans se retirèrent dans un silence respectueux, et m'ôtèrent leurs bonnets, pendant que je montais à cheval. Je voulus sortir promptement de la cour de l'auberge, mais l'animal se cabra, et mon ignorance ainsi que ma maladresse ne me fournissant aucun moyen pour lui faire quitter la place, il tourna plusieurs fois avec moi autour de la cour, et finit par me jeter, au milieu des éclats de rire des paysans, dans les bras de l'hôte et du juge, qui étaient accourus au bruit.

« Voilà un cheval bien vicieux, » dit le juge en souriant.

« Bien vicieux ! » répétai-je en secouant la poussière de mes habits.

On m'aida à remonter ; mais le cheval recommença le même train ; il fut impossible de le faire sortir de la cour. Un paysan s'écria :

« Voyez donc : la vieille sorcière Lise est assise sous la porte. C'est elle qui, par malice, empêche que monsieur ne

1*

passe, parce qu'il ne lui a pas donné de l'argent. »

Je vis en effet une vieille femme déguenillée qui me jetait des regards où se peignait l'égarement.

« Que la sorcière se retire sur-le-champ, » dit le juge ; mais la vieille s'écria :

« Le frère de sang ne m'a pas donné d'obole. Ne voyez-vous pas le mort qui est couché à mes pieds? Le frère de sang ne peut pas passer par-dessus son corps. Le mort se relève; mais je le tiendrai couché si le frère de sang veut me donner une obole. »

Le juge avait pris le cheval par la bride et voulait le faire passer par la porte sans s'embarrasser des cris de la vieille folle; mais tout fut inutile, et la sorcière ne cessait de crier :

« Frère de sang! frère de sang! donne-
moi une obole! donne-moi une obole! »

Je mis la main dans la poche et lui
jetai quelques pièces de monnaie dans
le giron. Elle se leva aussitôt, et se mettant à sauter de joie, elle s'écria :

« Voyez la belle monnaie que le frère
de sang m'a donnée! voyez la belle
monnaie! »

Cependant mon cheval hennit, et le
juge ayant lâché la bride, il s'élança
avec une courbette à travers la porte de
l'auberge.

« Maintenant cela va bien sous tous
les rapports, Monsieur, » dit le juge; et
les paysans qui m'avaient suivi ne purent s'empêcher de rire à gorge déployée
de la manière dont je me tenais à cheval.

« Voyez, voyez, s'écrièrent-ils, celui-
là monte en capucin. »

Toute cette aventure, mais en particulier les discours effrayans de la sorcière, m'avait causé une très-vive émotion. Je jugeai que la première mesure que j'avais à prendre devait être de changer tout ce qu'il y avait de trop remarquable dans mon extérieur et d'adopter un nom à l'aide duquel je pusse m'insinuer imperceptiblement dans la société. La vie se montrait à moi comme une destinée sombre et impénétrable, et je ne pouvais faire autre chose que de m'abandonner aux flots qui m'entraînaient sans relâche. Tous les liens qui m'avaient attaché à des relations quelconques étaient rompus, de sorte que je me voyais privé de tout appui. Je demeurais seul dans un monde qui m'était inconnu.

La route que je suivais devenait de plus en plus fréquentée, et tout m'annonçait l'approche de la ville riche et

commerçante vers laquelle je me diri-
geais. Après quelques jours de route je
la vis devant moi. J'entrai dans les fau-
bourgs sans que personne m'adressât
la parole, et même sans avoir fixé les
regards. Une grande maison, à carreaux
de verre de Bohême et au-dessus de la
porte de laquelle brillait un lion d'or
ailé, frappa mes yeux. Une foule de
monde entrait et sortait, des voitures
se croisaient sous la porte. On riait et
l'on buvait au rez-de-chaussée. Je m'é-
tais à peine arrêté devant la porte, que
le garçon s'empressa d'accourir, tint la
bride de mon cheval pendant que je
descendais, et le .... ensuite dans
la cour. Le sommelier, élégamment
vêtu et un trousseau de clefs à la cein-
ture, monta l'escalier devant moi; arrivés au second étage, il jeta encore un
regard sur moi et me conduisit un étage
plus haut où il m'ouvrit une chambre
de moyenne grandeur, me demanda

poliment si j'avais besoin de quelque
chose, me dit qu'à deux heures il y
avait table d'hôte au n° 10, etc.

« Apportez-moi une bouteille de vin, »
lui dis-je : ce fut le premier mot que
je trouvai le temps de placer dans cette
maison dont les habitans étaient si of-
ficieux.

CHAPITRE II.

A peine me trouvai-je seul dans ma
chambre, que j'entendis frapper à ma
porte; je la vis s'entr'ouvrir et donner
passage à la figure la plus comique que
j'eusse encore rencontrée; elle ressemblait absolument à un masque. Elle
avait un nez pointu et rouge, deux pe-

tits yeux étincelans, un menton d'une longueur démesurée et un toupet frisé d'une hauteur immense, mais qui, d'après ce que je découvris plus tard, se terminait par-derrière en une coiffure ronde. Ce singulier personnage portait en outre un large jabot, un gilet d'un rouge éclatant, au-dessous duquel retombaient deux longues chaînes de montre, un pantalon, un frac trop large en certains endroits et trop étroit en d'autres, de sorte qu'il n'avait pas l'air d'être fait pour celui qui le portait. L'étranger entra chez moi en faisant un grand nombre de révérences qui commencèrent dès la porte. Il tenait à la main son chapeau, une paire de ciseaux et un peigne, et me dit :

« Monsieur, je suis le coiffeur de la maison, et je viens vous offrir mes services, mes inappréciables services. »

Cet individu avait quelque chose de

si chétif et de si maigre, que j'eus bien
de la peine à m'empêcher de rire. En
attendant, son arrivée m'était agréable,
et je ne balançai pas à lui demander s'il
oserait entreprendre de remettre en ordre mes cheveux déformés par mon
long voyage et le défaut de talent de
celui qui les avait coupés en dernier lieu.
Il examina ma tête avec des yeux d'artiste, et me répondit en tenant sa main
droite posée avec grâce et les doigts ar-
rondis sur sa poitrine :

« Remettre en ordre !.... O Dieu!
Pietro Belcampo, que les envieux se
permettent d'appeler tout simplement
Pierre Schoenfeld, ainsi qu'il en est
arrivé à l'illustre cor de chasse Giacomo
Punto, Jacques Stich (1), on te mé-
connaît! Mais ne places-tu pas toi-même

(1) Le mot allemand *schoenfeld* signifie *beau champ*,
comme celui de *stich* veut dire *point*.

(*Note du Traducteur.*)

II.   2

ta lumière sous le boisseau, au lieu de t'en servir pour éclairer le monde? La forme de ta main, l'étincelle du génie qui brille dans tes yeux et qui colore en passant ton nez des teintes de l'aurore, ne devraient-elles pas apprendre au connaisseur, dès le premier coup d'œil, que tu possèdes l'esprit sublime qui tend vers l'idéal?.... Remettre en ordre!... Voilà une expression bien froide, Monsieur! »

Je priai le singulier petit homme de ne pas s'échauffer, et je l'assurai que je mettais toute confiance dans son adresse.

« Mon adresse! continua-t-il sur le même ton. Qu'est ce que l'adresse? Quel est l'homme qu'on peut appeler adroit? Est-ce celui qui, après avoir pris ses mesures, sauta à trente toises de distance au milieu du fossé? celui qui, à

vingt pas, lança une lentille à travers
le trou d'une aiguille? celui qui sus-
pendit un poids de cinq cents livres à
la pointe de son épée et le tint après
cela en équilibre sur son nez pendant
six heures six minutes six secondes et
un instant? Vous parlez d'adresse! l'a-
dresse est inconnue à Pietro Belcampo!,
qui se sent enflammé du feu sacré de
l'art; l'art, Monsieur! l'art! Mon imagination s'égare au sein des merveil-
leuses boucles de l'édifice brillant qu'un
souffle du zéphir élève et renverse. C'est
là qu'elle crée et qu'elle travaille. Ah!
l'art est quelque chose de divin : car sachez, Monsieur, que l'art n'est pas précisément l'art dont on parle tant; il
provient plutôt de l'ensemble de ce
qu'on appelle communément l'art!....
Vous me comprenez, Monsieur, et vous
me paraissez avoir une tête pensante,
si j'en dois juger par cette boucle qui
retombe sur le côté droit de votre front. »

Je l'assurai que je le comprenais parfaitement , et attendu que son origina-
lité m'amusait beaucoup , je résolus ,
dans l'admiration où j'étais de son génie, de ne point interrompre son pathé-
tique discours.

« Qu'espérez-vous donc pouvoir faire
de cette tête en désordre ? » lui demandai-je.

— « Tout ce que vous voudrez. Mais
si vous désirez sincèrement avoir l'avis de
Pietro Belcampo, le grand artiste , permettez-moi de considérer sous les rapports de longueur , de largeur et de profondeur, votre tête, votre taille , vos regards, vos gestes. Après cela je vous dirai si
vous penchez davantage vers l'antique ou
vers le romantique, vers l'héroïque ou le
grand, ou le sublime, ou le naïf, ou le
bucolique , ou l'épigrammatique , ou le
bizarre ; selon ma décision , j'évoquerai
les ombres de Caracalla , de Titus , de

Charlemagne, de Henri IV, de Gustave-
Adolphe , ou bien de Virgile , du Tasse
et de Bocace. Inspiré par eux , les mus-
cles de mes doigts agiront, et les ciseaux
sonores créeront le chef-d'œuvre nouveau. Ce sera moi, Monsieur, qui com-
pléterai votre physionomie , ainsi qu'elle
doit se montrer dans le monde. Pour
commencer, je vous prie de vouloir bien
faire deux ou trois fois le tour de la
chambre , afin que je vous regarde, que
je vous observe, que je vous examine. »

Il fallait bien que je fisse comme il voulait ; je me promenai donc , ainsi qu'il
me l'avait demandé, en m'efforçant, autant que possible , de déguiser la démarche monastique, que ceux qui ont
une fois habité le cloître ne parviennent
à perdre qu'avec une peine extrême. Le petit homme me regardait attentivement. Il
se mit ensuite à frétiller autour de moi,
à soupirer et à haleter ; puis il tira son

mouchoir et essuya les grosses gouttes
de sueur qui découlaient de son front. A
la fin il s'arrêta, et je lui demandai s'il
était décidé sur le mode qu'il adop-
terait pour ma coiffure. Il me répondit
avec un soupir :

« Hélas ! Monsieur, qu'est-ce que
vous venez de faire ? Vous ne vous êtes
pas abandonné à votre maintien natu-
rel ; vos mouvemens étaient forcés ; j'ai
observé un combat entre deux natures
opposées. Faites encore quelques pas,
Monsieur. »

Je refusai cette fois péremptoirement
de me mettre de nouveau en spectacle,
et je lui dis que si d'après ce qu'il avait
déjà vu il ne pouvait pas prendre sur lui
de me couper les cheveux, il fallait que
je renonçasse à profiter de ses importans services.

« Ensevelis-toi, Pietro ! s'écria-t-il au

comble de l'enthousiasme : car tu es mé-
connu dans ce monde, où l'on ne trouve
plus ni fidélité ni sincérité. Et cependant, Monsieur, je veux que vous admi-
riez mon génie et ce regard qui péné-
tre les plus grandes profondeurs. J'ai
été long-temps avant de pouvoir expliquer les contradictions que je trouvais
dans votre maintien et dans vos mouvemens. Il y a dans votre démarche quelque chose d'ecclésiastique. *De profundis
clamavi ad te, Domine !... Oremus... In
omnia secula seculorum. Amen.*»

Le petit homme chanta ces dernières
paroles d'une voix enrouée et chevro-
tante, et en imitant avec une rare perfection la tenue et les gestes des moines.
Il se tourna comme s'il eût été devant
l'autel, s'agenouilla, se releva, puis tout
à coup prenant un air plein de fierté , il
fronça le sourcil, ouvrit les yeux, et dit :

« Le monde est à moi ! Je suis plus ri-

che», plus prudent, plus sage que vous
tous, taupes que vous êtes. Inclinez-vous
devant moi ! Voyez-vous, Monsieur, ce
sont là les principaux traits de votre physionomie; et si vous le voulez , je mêle-
rai dans votre coiffure Caracalla , Abé-
lard et Bocace, et travaillant ainsi en
ardeur, en forme et en taille, je commen-
cerai l'édifice moitié antique et moitié
romantique de vos boucles aériennes. »

Il y avait tant de vérité dans les observations du petit homme , que je crus devoir lui avouer que j'avais en effet suivi
la profession ecclésiastique , et que j'a-
vais même reçu la tonsure, que je désirais
cacher autant qu'il me serait possible.

Il travailla mes cheveux tout en fré-
tillant, en faisant des grimaces et en se
livrant aux discours les plus extravagans.
Tantôt il prenait l'air sombre et triste ,
tantôt il riait, tantôt il se plaçait dans

une position d'athlète, tantôt il se levait
sur la pointe des pieds; en un mot, il
me fut presque impossible de ne pas
éclater de rire, quelque peu d'envie que
j'en eusse d'ailleurs. Quand il eut fini,
je le priai, sans lui laisser le temps de
prononcer les paroles qui déjà se pres-
saient sur ses lèvres, de m'envoyer quel-
qu'un qui pût faire sur ma barbe la même
opération qu'il venait d'exécuter sur mes
cheveux. A ces mots il sourit d'une manière tout-à-fait étrange, se glissa sur
la pointe des pieds jusqu'à la porte de la
chambre et la ferma à la clef. Revenant
ensuite auprès de moi, il me dit :

«Heureux le temps quand la chevelure
et la barbe, également touffues, contri-
buaient l'une et l'autre à l'ornement de
la personne, et étaient confiées aux doux
soins du même artiste !... mais ce temps
n'est plus !... L'homme a abandonné sa
plus noble parure, et une abominable

classe d'êtres s'est livrée à détruire , à
l'aide d'horribles instrumens , la barbe
jusqu'à fleur de peau. Et vous, indignes
et misérables barbiers , continuez , au
mépris de l'art, à repasser vos rasoirs sur
un cuir noir trempé dans de l'huile rance;
à faire résonner votre plat à barbe et
écumer votre savon, pendant qu'une eau
brûlante et dangereuse jaillit autour de
vous ; à demander fièrement à vos pa-
tiens s'ils veulent être rasés sur la cuillère
ou sur le pouce! Pietro, et plus d'un illustre confrère avec lui, s'abaisseront jusqu'à
vous imiter dans vos indignes efforts pour
détruire la barbe, mais ennobliront votre
art , et s'efforceront de sauver le peu qui
surnage encore sur les flots du temps.
Les superbes favoris, variés de mille manières différentes , serpentant sous les
formes les plus agréables , tantôt se re-
courbant dans le doux ovale , tantôt
retombant dans les profondeurs du cou,
tantôt se relevant avec hardiesse au-des-

sus des coins de la bouche, tantôt se ré-
trécissant modestement sur une ligne
presque imperceptible , tantôt s'élargis-
santen boucles touffues, ne sont-ils pas
tous des inventions de notre art, dans lequel ne cesse de se développer la tendance
vers le grand , vers le beau? Ah ! Pietro,
fais voir le génie qui habite en ton
âme , montre ce que tu es prêt à entreprendre pour l'honneur de ton art , en
t'abaissant jusqu'à l'indigne office de
barbier. »

En disant ces mots , le petit homme
avait tiré de sa poche tous les objets nécessaires pour raser , et commençait à
me faire la barbe d'une main exercée.
Je dois convenir que je sortis de ses
mains tout autrement conditionné que
je n'y étais entré , et je n'eus plus besoin
que de quelques autres objets de toilette
moins importans, pour n'avoir plus du
tout à craindre d'attirer sur moi, par

mon extérieur, une attention dangereuse.
Le petit homme me regardait en souriant avec complaisance. Je lui dis que
j'étais tout-à-fait inconnu dans la ville,
et qu'il me serait agréable de pouvoir, le
plus tôt possible, m'habiller à la mode
du lieu. Pour le récompenser de ses pei-
nes et pour l'encourager à me continuer
ses bons offices, je lui mis un ducat
dans la main. Il était comme ravi au
troisième ciel, et ne cessait de contempler le ducat avec admiration.

« Très-illustre patron, me dit-il, je
ne m'étais pas trompé dans l'idée que je
m'étais formé de vous. L'esprit a conduit ma main, et dans la tournure d'ai-
gle que j'ai donné à vos favoris, j'ai bien
exprimé votre noble caractère. J'ai un
ami, un Damon, un Oreste, qui achève
pour le corps ce que j'ai commencé
pour la tête; il y met la même profondeur de pensée, le même génie. Re-

marquez, Monsieur, que c'est un artiste
en costumes, et non un tailleur ordinaire.
Il aime à se perdre dans le beau idéal,
et en conséquence, créant des formes
et des images dans sa tête, il s'est fait
un magasin des habillemens les plus
variés. Chez lui, vous trouverez ce qui
convient au jeune homme qui, pour la
première fois, se fait faire un habit sans
le conseil scrupuleux de sa mère et de
son gouverneur; à l'homme de quarante
ans qui est obligé de se faire poudrer
pour cacher ses cheveux grisonnans; au
vieillard bon vivant, au savant mondain,
au riche négociant, au bourgeois aisé.
En peu d'instans les chefs-d'œuvre de
mon ami se déploieront à vos regards. »

Il partit d'un pas pressé, et revint
bientôt après avec un homme grand, fort,
décemment habillé, qui formait avec lui
un contraste parfait, tant pour l'extérieur que pour les manières en général ;

il me le présenta comme son Damon.
Celui-ci me mesura des yeux, et choisit
ensuite, dans le paquet qu'un garçon qui
l'avait accompagné portait, un costume
qui répondait parfaitement au désir que
je lui avais exprimé. Ce n'est que par la
suite que j'ai bien compris le tact déli-
cat que l'artiste en costumes, comme
son ami l'appelait, montra dans le choix
qu'il fit pour moi. Il est très-difficile de
s'habiller de manière que le caractère
général du costume ne laisse pas deviner
ou soupçonner l'état qu'on remplit dans
le monde, et soit disposé de façon à ce
que personne ne songe même à s'en
occuper; et c'était là le problème que
je lui avais donné à résoudre.

Pendant que je m'habillais, le petit
coiffeur continuait à se répandre en
toutes sortes de tournures de langage
grotesques; et comme, selon toute apparence, il lui arrivait rarement de trouver

des personnes qui lui prêtassent une oreille aussi attentive que moi, il ne se montra nullement disposé à cacher cette fois sa lumière sous le boisseau] Damon, homme sérieux et très-sensé, à ce qu'il me parut, lui coupa tout à coup la parole en lui donnant une tape sur l'épaule et en lui disant :

« Schoenfeld, tu es aujourd'hui de nouveau bien en train de dire des sottises ; je gage que les oreilles de ce monsieur lui font déjà mal de toutes les inepties que tu as débitées. »

Belcampo baissa la tête avec tristesse ; puis prenant tout à coup son chapeau couvert de poussière, il s'écria tout haut en s'élançant hors de la porte :

« C'est ainsi que mes meilleurs amis me maltraitent! »

Damon, en prenant congé de moi, me dit :

« Ce Schoenfeld est un fou d'une espèce toute particulière. La lecture lui a brouillé la cervelle. Du reste, c'est un brave homme, qui entend fort bien son état ; je l'aime à cause de cela : car je suis d'avis que, quand on est habile. au moins en une chose, on a quelque droit aux égards si l'on manque dans les autres. »

Quand je me retrouvai seul, je me plaçai devant une grande glace, et je commençai à m'exercer à bien marcher. Le petit coiffeur m'avait donné un avis utile. Les moines ont dans leur démarche une sorte de promptitude pénible et disgracieuse, occasionée par la longue robe qui entrave leurs pas et la nécessité de se presser dans certaines cérémonies du culte. Il y a, du reste, dans la tournure du corps penchée en arrière, et dans la manière de porter les bras, que les moines ne doivent jamais laisser

tomber, mais qu'ils enveloppent dans les
larges manches de leur robe quand ils
ne les tiennent pas croisés, quelque
chose de caractéristique qui n'échappe
pas facilement aux personnes qui y font
un peu d'attention. J'essayai de changer tout cela et de mettre ainsi de côté
toutes les traces de mon ancienne profession. La seule pensée qui m'offrît de
la consolation était celle que ma vie
était entièrement terminée, et que j'allais
commencer une nouvelle existence
qu'animerait un principe chez lequel
le souvenir de l'ancienne s'affaiblirait
graduellement pour s'éteindre bientôt
tout-à-fait.

Le bruit des personnes qui allaient
et venaient, et celui des travaux qui
s'exerçaient dans la rue, me causaient
des sensations entièrement inconnues
et bien faites pour me maintenir dans la
disposition enjouée dans laquelle le pe-

tit coiffeur m'avait mis. Je me risquai
dans mon nouveau costume à descendre pour dîner à la table d'hôte, et
toutes mes craintes se dissipèrent lorsque je vis que personne ne me remar-
quait, et que mon plus proche voisin
ne se donnait pas seulement la peine de
me regarder. En m'inscrivant sur la
liste des étrangers, je m'étais donné le
nom de Léonard, par reconnaissance
pour le prieur à qui je devais ma liberté,
et j'avais pris le rang de propriétaire,
voyageant pour son plaisir. Il y avait
sans doute beaucoup de voyageurs de
cette espèce dans la ville; aussi ne prit-
on pas d'autres informations sur mon
compte.

Je pris un plaisir singulier à parcourir les rues, à m'arrêter devant les bou-
tiques, à considérer les enseignes et les
estampes. Le soir, je me rendis aux
promenades publiques, où mon isole-

ment, au milieu de la foule, me fit lus
d'une fois éprouver les plus pénibles
sensations. Quelque avantageux qu'il
pût être pour moi dans les circonstances où je me trouvais, de n'être connu
de personne, et de ne voir personne
éprouver le moindre soupçon de ce que
j'étais, ni du sort extraordinaire qui
m'avait amené en ce lieu, cependant
cette même position était horrible, puisque je ne pouvais m'empêcher de me
comparer à un mort revenu sur la terre,
après que tous ceux qu'il a aimés l'ont
depuis long-temps quitté.

Quand je songeais aux saluts pleins
d'amitié et de respect que recevait autrefois de tout le monde le célèbre prédicateur, à l'empressement que chacun montrait pour jouir de son entretien, ou pour
obtenir de lui ne fût-ce que deux mots, je
me sentais saisi d'un dépit plein d'amer-
tume; mais je me disais ensuite que ce

prédicateur était le moine Médard, depuis long-temps mort et enseveli dans
les précipices des montagnes. Ce ne pouvait être moi, car je vivais, je venais
même de commencer une nouvelle vie,
qui me promettait des jouissances infi-
nies.

Il en était de même quand de vagues
sensations, semblables à des rêves, me
rappelaient les événemens du château;
je me persuadais qu'ils étaient arrivés à
un autre, et non pas à moi : cet autre
était le capucin. Il n'y avait que la pensée d'Aurélie qui unissait encore mon
ancienne existence avec la présente ;
mais, comme une douleur profonde et
insurmontable, elle anéantissait tous
mes plaisirs, et m'enlevait aux agrémens
variés dont la vie m'entourait chaque
jour davantage.

Je ne manquai pas de visiter tous les

lieux publics où l'on donnait à boire, à jouer, etc. , et je m'attachai surtout , sous ce rapport, à un hôtel, dans la ville, où le vin était particulièrement bon , et où , à cause de cela même, il se réunissait tous les soirs une nombreuse société. A une table, dans une salle intérieure, je voyais toujours les mêmes personnes. Leur conversation était animée et spirituelle. Je parvins à me lier avec ces hommes qui formaient entre eux un cercle particulier. J'avais commencé par me placer seul à une table où je buvais tranquillement mon vin; puis quand je les entendais discuter quelque question intéressante de littérature sur laquelle ils n'étaient pas d'accord, je me hasardais à donner mon avis, et de cette manière je finis par obtenir à leur table une place qu'ils m'accordèrent d'autant plus volontiers que j'y avais des droits, tant par mon élocution que par mes connaissances variées , que j'augmentais encore

journellement en m'occupant de diverses branches qui jusqu'alors m'étaient
demeurées inconnues. Par ce moyen
j'acquis des relations qui me furent uti-
les. En m'accoutumant de plus en plus
à la vie du monde, mes manières devin-
rent aussi plus naturelles et plus gaies.
Je passai le rabot sur tout ce que mon
ancienne manière de vivre avait laissé en
moi d'inégal ou d'aigre.

CHAPITRE III.

Depuis plusieurs jours on parlait, dans la société que je fréquentais, d'un peintre étranger qui était arrivé dans la ville, et qui avait fait une exposition publique de ses tableaux. Tous les membres de cette société, excepté moi, les avaient

déjà vus, et vantaient si fort leur excellence que je pris la résolution de m'y
rendre aussi à mon tour. Le peintre était
absent quand j'entrai dans la salle d'exposition ; mais un homme âgé servait de
cicerone, et nommait les peintres qui
avaient fait les tableaux que cet étranger
avait exposés concurremment avec les
siens. C'étaient, pour la plupart, d'ex-
cellens originaux des maîtres les plus
célèbres. J'en fus enchanté. Plusieurs
tableaux qui, selon le vieillard, étaient
des copies prises à la hâte de grands
morceaux peints à fresque, réveillèrent
dans mon âme des souvenirs de ma plus
tendre jeunesse. Ces souvenirs deve-
naient toujours plus nets ; ils s'offraient
à moi sous les couleurs les plus brillantes. Je ne pouvais douter que ces tableaux ne fussent des copies de ceux du
Tilleul Sacré. Je reconnus de même,
sous les traits de saint Joseph dans une
sainte famille, ceux du pèlerin étranger

qui m'avait amené le merveilleux enfant. Mais un sentiment de vive douleur
me pénétra, et je ne pus m'empêcher
de pousser un grand cri en jetant les
yeux sur un portrait de grandeur naturelle, qui m'offrit, de façon à ne pouvoir m'y méprendre, les traits de la
princesse, ma protectrice. Elle portait
le costume de cérémonie sous lequel
elle avait coutume de se montrer au
milieu de ses religieuses dans la proces-
sion du jour de saint Bernard. Le peintre avait choisi le moment où, la prière
terminée, elle se préparait à sortir de
son appartement pour commencer la pro-
cession, que le peuple rassemblé atten-
dait avec impatience dans l'église, qui se
voyait en perspective. La physionomie
de cette excellente dame offrait l'expression de son âme élevée; on eût dit,
hélas! qu'elle demandait au ciel le pardon du pécheur endurci qui s'était arraché de son cœur maternel; et ce pé-

cheur, c'était moi! Des sensations qui
m'était devenues depuis long-temps
étrangères inondèrent mon cœur; un
désir ardent et inexplicable m'entraînait loin des lieux où j'étais; je me
croyais de nouveau dans le village qui
entourait le monastère; j'étais avec le
curé, homme honnête et simple, qui
ne se sentait pas de joie parce que
le jour de la Saint-Bernard était arrivé.
Je revoyais l'abbesse. As-tu été bien
sage, François? me demandait-elle de
cette voix sonore qu'elle adoucissait pour
mieux montrer son amitié; as-tu été
bien sage? Hélas! que pouvais-je lui répondre?... J'ai entassé crime sur crime :
le parjure a été suivi du meurtre!....
Anéanti par la douleur et le repentir,
je tombai presque sans connaissance
sur mes genoux : des flots de larmes
coulaient de mes yeux.

« Qu'avez-vous, Monsieur, qu'avez-

vous ? » me demanda d'un air effrayé le
vieux cicerone.

— « Le portrait de cette abbesse ressemble parfaitement à ma mère que j'ai
perdue par une mort tragique. »

En répondant ainsi, je m'étais relevé
et je m'efforçais de retrouver un peu de
calme.

« De pareils souvenirs sont tristes,
Monsieur, reprit le vieillard ; il ne faut
pas s'y livrer. Venez, vous avez encore
un portrait à voir, que mon maître regarde comme ce qu'il a fait de mieux.
Il a été peint d'après nature, et il n'y a
pas long-temps qu'il est achevé. Nous
l'avons couvert, afin que le soleil n'alté-
rât les couleurs qui sont à peine sè-
ches. »

Le vieillard me plaça avec soin dans

le jour le plus favorable, et tira ensuite
avec précaution le rideau. C'était le portrait d'Aurélie?·Je fus saisi d'un effroi
que j'eus de la peine à combattre. Je
reconnus le voisinage de l'ennemi qui
me repoussait avec force dans l'abîme
dont je venais à peine de sortir ; mais
cette pensée me rendit le courage de me
soulever contre le fantôme qui m'apparaissait ainsi dans une mystérieuse obscurité.

Je dévorais avec des regards avides
les charmes d'Aurélie qui se montraient
à mes yeux comme s'ils eussent été ani-
més. L'expression douce et naïve qui
régnait sur les traits de cette vertueuse
enfant semblait accuser l'infâme assassin de son frère. Mais bientôt toute apparence de remords fut effacée de mon
âme par la colère et le dépit. Je n'éprouvai qu'un seul regret, c'était de n'avoir
pas possédé Aurélie pendant cette hor-

rible nuit au château. Hermogène avait
fait échouer mon entreprise, mais il en
avait été puni par la mort. Aurélie vivait, et cela suffisait pour nourrir mon
espérance. Il est certain, me dis-je,
qu'elle sera à moi : car une destinée à
laquelle elle ne peut échapper gouverne
son existence, et cette destinée, c'est
moi-même.

C'était ainsi qu'en regardant ce portrait je m'encourageais au crime. Le
vieillard parut surpris de ma conduite;
il me parla beaucoup de dessin, de ton,
de coloris; mais je ne l'écoutais pas. Le
souvenir d'Aurélie, l'espérance d'accom-
plir dans une autre occasion un crime
qui n'était que différé, me préoccupait
à tel point que je m'empressai de sortir
sans songer à demander sur ce peintre
étranger des renseignemens qui auraient
pu m'apprendre par quelle étonnante
coïncidence les tableaux qu'il avait peints

semblaient en quelque sorte embrasser ma vie tout entière.

Plus que jamais décidé à tout risquer pour parvenir à la possession d'Aurélie, je me sentais comme placé dans une position élevée d'où je planais sur les événemens tant passés que futurs de ma vie, et qui me permettait de tout tenter puisque je n'avais rien à craindre. Je formai mille projets différens pour arriver à mon but, et je finis par me persuader que le peintre étranger serait en état de m'apprendre bien des choses qu'il me serait utile de savoir : car je voulais reparaître au château sous ma nouvelle forme, et à force d'y réfléchir, je ne trouvai pas que cette idée fût très-extraordinaire. Le soir je retournai à la société de l'hôtel. car je croyais devoir mettre un frein à la trop grande vivacité de mon imagination, afin de pouvoir, au besoin, agir avec sang-froid.

On parla beaucoup des tableaux du peintre étranger, et surtout de l'expression étonnante qu'il savait donner à ses portraits. Je confirmai ces éloges ; et dans un langage brillant, qui n'était du reste que le reflet du dépit ironique qui brûlait dans mon sein, je dépeignis le charme inexprimable qui régnait sur la figure angélique d'Aurélie. Une des personnes de la société nous dit qu'il connaissait le peintre ; que c'était un homme d'un talent extraordinaire, quoique déjà avancé en âge ; que son intention était de rester quelque temps dans la ville pour achever des portraits qui lui avaient été demandés, et qu'ayant exprimé le désir d'être présenté dans cette société, elle l'y amènerait le lendemain.

Rempli des sentimens les plus étranges, des soupçons les plus inexplicables, je rejoignis la soirée suivante mes amis, et j'arrivai un peu plus tard que de cou-

tume. L'étranger y était déjà; il était assis près de la table, et me tournait le
dos. Quand je me fus placé, et que j'eus
fixé les yeux sur lui, je me sentis saisi
d'horreur en reconnaissant les traits de
ce terrible inconnu dont la vue m'avait
si fort troublé pendant que je prêchais
dans l'église des Capucins, le jour de
Saint-Antoine. Il me regarda long-temps
d'un air grave et sérieux; mais la situation d'esprit dans laquelle je me trouvais
depuis que j'avais vu le portrait d'Aurélie m'avait donné la force de soutenir
son regard. Mon ennemi avait pris une
forme palpable, et il s'agissait de commencer avec lui un combat à mort. Je résolus d'attendre tranquillement l'attaque,
mais de la repousser alors avec des armes
de la trempe desquelles j'étais certain.

L'étranger ne parut pas faire grande
attention à moi, et au bout de quelques
instans, détournant de nouveau son re-

gard, il continua la conversation à laquelle il se livrait quand j'étais entré, et qui roulait sur les arts. On parla de ses tableaux, et l'on exprima surtout de l'admiration pour le portrait d'Aurélie. Un des assistans observa que, quoiqu'il n'y eût pas de doute que ce ne fût réellement le portrait d'une personne existante, il pouvait au besoin servir d'étude et représenter une sainte. On me demanda mon avis, parce qu'on se rappela l'enthousiasme avec lequel j'avais la veille parlé de ce tableau, et il m'échappa involontairement de dire que c'était précisément sous de pareils traits que je me figurais sainte Rosalie. Le peintre eut à peine l'air d'avoir entendu ce que je venais de dire, car il s'écria sur-le-champ :

« Oui, vraiment, la femme dont ce portrait offre une parfaite image est une sainte qui sait dans le combat s'élever à la vertu céleste. Je l'ai peinte au moment où, accablée de la plus profonde douleur, elle cherchait des consolations dans la religion, et mettait son espérance dans la destinée éternelle qui habite au-dessus des nuages ; je me suis efforcé de donner à son portrait l'expression de cette espérance qui ne saurait exister que dans les âmes qui s'élèvent au-dessus des choses de la terre. »

La conversation prit un autre tour. Le vin qui, ce jour-là, par considération pour le peintre étranger, était meilleur que de coutume, égayait les esprits. Chacun avait quelque anecdote agréable à raconter, et quoique l'étranger ne rît qu'intérieurement, et que sa satisfaction ne se peignît que dans ses yeux, il trouvait souvent moyen d'ajouter à ce qui venait d'être dit quelques mots d'une force particulière, et qui augmentaient singulièrement l'éclat de la pensée. Quant

à moi, bien qu'il me fût impossible de
surmonter tout-à-fait la sensation pénible que j'éprouvais toutes les fois que
l'étranger fixait ses yeux sur moi, cependant, je parvins peu à peu à vaincre
l'émotion terrible que son premier aspect m'avait causée. Je décrivis le bur-
lesque Belcampo que tout le monde connaissait, et je sus mettre sa folie dans
un jour si remarquable, que la société
fut enchantée de moi, et qu'un gros négociant de bonne humeur, dont la place
était en face de la mienne, rit jusqu'à
verser des larmes, et assura que depuis
long-temps il n'avait passé de soirée
aussi agréable. Enfin, quand la gaieté
fut un peu calmée, l'étranger demanda
tout à coup :

« Avez-vous jamais vu le diable, Mes-
sieurs ? »

On ne douta pas que cette question

n'eût pour but d'amener quelque récit plaisant, et en conséquence chacun assura qu'il n'avait pas encore eu cet honneur là.

« Eh bien ! sachez qu'il s'en est peu fallu que je n'aie été plus heureux que vous. C'est au château de M. le baron de F***, dans les montagnes, que cette aventure à manqué de m'arriver. »

Je tremblai ; le reste de la société le pria instamment de continuer.

« Vous connaissez tous sans doute, reprit l'étranger, ce site affreux dans les montagnes, qui offre aux yeux du voyageur un précipice épouvantable, au moment où, sortant du bois de sapins, il arrive près des rochers. On l'appelle communément l'Abîme du Diable, et le rocher qui s'avance au-dessus porte le nom de Siége du Diable. On prétend que le comte Victorin, l'imagination rémplie de coupables projets, s'était assis sur ce rocher, quand tout à coup le diable lui apparut et le précipita dans l'abîme, afin de pouvoir exécuter lui-même les projets du comte qui lui souriaient. En conséquence le diable se montra sous la forme d'un capucin dans le château du baron. Il commença par faire l'amour à la baronne, et quand il en eut assez, il l'envoya en enfer. Il en fit de même au fils du baron dont la raison était troublée, qui ne voulait pas laisser le diable jouir de son incognito, et ne cessait de crier à tout le monde : C'est le diable! Il l'étrangla; mais sa mort sauva une âme innocente dont le diable avait encore conjuré la perte. Après cette expédition, le diable, ou le capucin, disparut d'une manière inexplicable, et l'on assure que sa retraite fut hâtée par sa lâcheté, ayant été effrayé par l'aspect du comte Victorin, sorti tout sanglant de son tombeau. Quoi qu'il en soit de la vérité de ces détails, ce qui est certain c'est que la baronne a péri empoisonnée, qu'Hermogène a été tué par trahison, que le baron est mort peu de temps après de chagrin, et qu'Aurélie, vertueux original du portrait dont vous avez bien voulu faire l'éloge, et que je peignais à cette époque au château, s'est retirée orpheline dans un pays lointain et dans un couvent dont l'abbesse était l'amie de son père. D'ailleurs, Monsieur, ajouta-t-il en me montrant de la main, pourra vous raconter cette histoire bien plus exactement que moi, car il habitait le château au moment où elle s'est passée. »

A ces mots, tous les regards se tournèrent avec étonnement sur moi. Je me levai courroucé, et je dis à haute voix :

« Que puis-je avoir de commun, Monsieur, avec vos ridicules histoires de meurtres et du diable? Vous êtes dans l'erreur; je vous assure que vous êtes dans l'erreur, et je vous prie de ne pas me mêler dans cette affaire. »

Le tumulte qui régnait dans mon sein fit que j'eus bien de la peine à prononcer ces paroles, même avec une apparente indifférence. L'effet du discours mystérieux du peintre, joint à l'extrême inquiétude que je montrais et à mes inutiles efforts pour la cacher, ne fut que trop visible. La gaieté qui avait jusqu'alors animé la société disparut, et ses membres se rappelant que je m'y étais introduit par degrés, quoique je fusse inconnu de tous, me lancèrent des regards soupçonneux et méfians.

Le peintre étranger s'était levé. Il me perçait de ses yeux, dont l'expression ne ressemblait à rien de ce que j'avais encore vu, si ce n'est à celle qui régnait

dans ces mêmes yeux alors qu'ils m'a-
vaient si fort troublé dans l'église des Capucins. Il ne prononçait pas un mot.
Il paraissait immobile et inanimé ; mais
son aspect de fantôme faisait dresser
mes cheveux sur ma tête, des gouttes
de sueur froide découlaient de mon
front, et, saisi d'effroi, je tremblais de
tous mes membres.

« Retire-toi, m'écriai-je tout hors de
moi ; c'est toi-même qui es Satan ; tu
es le crime personnifié ; mais sur moi
tu n'as pas de pouvoir. »

A ces mots chacun se leva de son
siége. On se demandait ce que cela voulait dire. Plusieurs personnes qui jouaient
dans la salle commune arrivèrent at-
tirées par l'éclat terrible de ma voix.

« C'est un homme ivre ! c'est un fou !
qu'on l'emmène ! » criait-on de toutes
parts.

Cependant le peintre étranger conservait la même immobilité de posture. Égaré par la colère et le désespoir, je tirai le couteau avec lequel j'avais tué Hermogène, et que je portais toujours sur moi, et je m'élançai sur le peintre ; mais un seul coup me jeta par terre, et mon adversaire , avec un rire affreux de mépris qui retentit dans toute la salle , me cria :

' « Frère Médard ! frère Médard ! tu joues un jeu bien dangereux ; va, et livre-toi au repentir et à la honte ! »

En ce moment les buveurs s'emparèrent de moi. Je retrouvai ma vigueur, et, semblable à un taureau furieux, je poussai avec tant de force que je terrassai plusieurs de ceux qui voulaient m'arrêter et que je me frayai un chemin jusqu'à la porte. Je traversai promptement le corridor. Tout à coup une pe-

3*

tite porte s'ouvrit à côté de moi et je
me sentis entraîné dans une chambre
noire. Je ne fis point de résistance, car
j'entendais déjà derrière moi les° personnes qui me poursuivaient. Quand la
foule fut passée, on me conduisit par
un escalier dérobé jusque dans la cour,
et de là par un corps de logis séparé dans
une rue. A la lumière du réverbère je
reconnus dans mon sauveur l'original
Belcampo.

« Il paraît, me dit-il, que la fatalité
vous a mis aux prises avec le peintre
étranger. Je buvais dans la chambre
voisine, quand le bruit a commencé, et
comme je sais les êtres de la maison, je
pris sur-le-champ la résolution de vous
sauver; ce qui était d'autant plus juste
que c'est moi seul qui ai été cause de
cette fatalité. »

« Comment cela est-il possible? » demandai-je avec étonnement.

« Qui peut commander aux circonstances; résister aux inspirations d'un
génie supérieur? reprit le petit homme
d'un ton emphatique. Tandis que j'ar-
rangeais vos cheveux, Monsieur, les
idées les plus sublimes se sont *comme à*
l'ordinaire allumées dans mon esprit;
je me suis abandonné à l'élan déréglé
de mon imagination. Cela m'a causé
des distractions, et en conséquence j'ai
non-seulement oublié d'arrondir sur
votre tête la boucle de la colère, mais
j'ai encore laissé subsister vingt-sept
cheveux d'inquiétude et d'effroi. Ces
cheveux se sont hérissés aux regards
fixes du peintre, qui, à dire la vérité,
est un *revenant*, et se sont ensuite bais-
sés vers la boucle de la colère, qui s'est
séparée en sifflant. J'ai tout vu. Alors,
enflammé de courroux, vous avez tiré
un couteau, oui, Monsieur, un couteau
à la pointe duquel étaient déjà suspen-
dues plusieurs gouttes de sang. Mais

c'était en vain que vous espériez d'envoyer au diable celui qui déjà appartenait au diable : car vous saurez que ce
peintre n'est autre qu'Assuérus, le juif
errant, ou Bertrand de Bornis, ou Mé-
phistophelès, ou Benvenuto Cellini, ou
saint Pierre; en un mot c'est un méchant revenant qui ne peut être exorcisé
que par un fer à friser chaud qui donne
un tour convenable à l'idée, qui est lui-
même, ou bien par des peignes élec-
triques qui crêpent les pensées dont il
doit se pénétrer pour nourrir cette idée.
Vous voyez, Monsieur, que de pareilles
choses sont pour moi, artiste de profession, de véritables pommades; et cette
expression tirée de mon art fait bien
mieux que l'on ne pense comprendre ce
que je veux dire, pourvu que la pommade
renferme de bonne huile de girofle. »

Le bavardage du petit homme avait
en ce moment pour moi quelque chose

d'effrayant; mais, en regardant sa démarche bizarre, et ses traits comiques, je
ne pus m'empêcher d'éclater plusieurs
fois d'un rire convulsif. Nous arrivâmes
enfin à mon logement. Belcampo m'aida
à faire ma malle. Tout fut bientôt arrangé pour mon départ. Je mis un ducat
dans la main du petit coiffeur, qui
sauta de joie, et s'écria :

« Vivat! maintenant j'ai d'honnête
argent. Ce sont de brillantes pièces d'or
trempées dans du sang et renvoyant des
rayons rouges. Ne vous étonnez pas,
Monsieur, de cette idée qui me passe
par la tête; elle est fort gaie. »

Il avait en effet remarqué la surprise
que m'avait causée son exclamation. Il
me pria de lui permettre d'arrondir la
boucle de la colère, de rogner un peu
les cheveux de l'effroi, et de garder pour
lui une boucle d'amour comme un sou-

venir. Je lui laissai faire ce qu'il voulait,
et il acheva son opération au milieu des
gestes et des grimaces les plus comiques. A la fin, il saisit le couteau qu'en
me déshabillant j'avais posé sur la table,
et prenant une attitude d'escrime, il
poussa une botte en l'air.

« Je tue votre adversaire, s'écria-t-il,
et comme il n'est qu'une simple idée,
il faut qu'il soit tué par une idée ; et il
mourra par celle-ci, qui est la mienne,
et à laquelle, pour lui donner plus de
force, j'ajoute les mouvemens convena-
bles du corps : *Apage, Satana ! apage,
apage, Assuerus ! Allez vous-en !* »

En achevant ces mots, il posa le couteau sur la table, respira fortement,
et s'essuya le front comme un homme
qui vient de faire un travail pénible. Je
voulus cacher sur-le-champ le couteau,
et je le mis dans ma manche, comme si

j'eusse encore porté le froc. Le coiffeur remarqua ce mouvement et sourit. Tout à coup le postillon fit entendre son cor devant la porte. Aussitôt Belcampo, changeant de ton et de position, tira de sa poche un petit mouchoir, fit semblant d'essuyer des larmes, me fit une révérence très-respectueuse, me baisa la main et l'habit, et dit :

« Je vous demande, Monsieur, deux messes pour l'âme de ma grand'-mère, qui est morte d'une indigestion ; quatre messes pour mon père qui a succombé à un jeûne involontaire ; mais pour moi, une messe toutes les semaines, quand je serai mort et en attendant l'absolution de mes nombreux péchés. Hélas ! mon révérend père, j'ai en moi un individu horriblement coupable, qui me dit : Pierre Schœnfeld, ne sois pas un imbécile, et ne t'imagine pas que tu es toi : car c'est moi qui suis toi, et je m'appelle Belcampo : je suis une idée originale, et si tu ne veux pas me croire, je te renverserai avec une pensée aiguë et mince comme un cheveu. Or, mon révérend père, cet ennemi de moi-même, appelé Belcampo, commet toutes sortes de péchés. Il doute souvent des vérités de la religion, il s'enivre, il se bat, et il fait le libertin avec de jolies pensées femelles. Ce Belcampo a tellement égaré et troublé moi, Pierre Schœnfeld, qu'il m'arrive souvent de sauter d'une manière très-inconvenante et de profaner la couleur de l'innocence, alors que chantant, *in dulci jubilo*, je m'assieds dans la crotte avec des bas de soie blancs. Je demande pardon pour tous deux, Pietro Belcampo et Pierre Schœnfeld. »

Il se mit à genoux devant moi et fit semblant de sangloter. La folie de cet homme commençait à m'ennuyer. Je

lui dis d'être plus raisonnable. Le garçon d'auberge entra pour prendre mes
effets. Belcampo fut en un instant sur
ses jambes, et sa gaieté étant revenue,
il aida le garçon, tout en continuant
son bavardage, à me rendre les petits
services que je lui demandais.

« Cet homme est un vrai fou , me dit
le garçon en fermant la portière de la
voiture : on ne peut pas trop se fier
à lui. »

Belcampo secoua son chapeau en l'air,
et mettant avec un regard significatif
son doigt sur la bouche, il me cria :

« Jusqu'à mon dernier soupir! »

CHAPITRE IV.

Quand le jour commença à paraître, la ville était déjà bien loin derrière moi, et la figure de cet homme terrible et effrayant qui m'enveloppait comme un mystère impénétrable avait disparu. Chaque fois que le maître des postes me demandait où je voulais aller, je sentais d'une manière plus cruelle qu'aucun lien ne m'attachait à la vie, et que je parcourais le monde à la merci des flots du hasard. Mais n'était-ce pas une puissance irrésistible qui m'avait arraché violemment de tout ce qui m'avait été cher, afin que l'esprit qui m'animait pût se mouvoir et prendre son essor en liberté? Je parcourais la belle campagne sans trouver nulle part de repos. Je me sentais poussé malgré moi vers le midi. Je ne m'étais encore que faiblement écarté de la route que le père Léonard m'avait tracée, et il semblait que l'impulsion qu'il m'avait communiquée en m'envoyant dans le monde m'entraînait en ligne droite comme par une force magique.

Pendant une nuit obscure, je traversais une épaisse forêt qui, d'après ce que le maître des postes m'avait dit, devait s'étendre jusqu'au delà du relais

suivant. Il m'avait par cette raison en-
gagé à passer chez lui la nuit ; mais je
m'y étais refusé, dans mon impatience
de parvenir à un but que moi-même
je ne connaissais pas. Comme je me
mettais en route, il commençait déjà à
éclairer dans le lointain ; bientôt des
nuages plus sombres couvrirent l'horizon et parcoururent le ciel, chassés par
la tempête. Le tonnerre grondait d'une
manière affreuse répété par mille échos,
et des éclairs rouges sillonnaient l'horizon dans tous les sens. Les sapins élevés
craquaient, ébranlés jusque dans leurs
racines. La pluie tombait par torrent. A
chaque instant nous courions risque
d'être tués par les arbres, les chevaux
effrayés par la lueur des éclairs se ca-
braient ; je voyais le moment où ils nous
deviendrait tout-à-fait impossible d'a-
vancer, quand tout à coup la voiture fut
renversée avec tant de violence, que la
roue de derrière se cassa. Il fallut donc

que nous restassions où nous étions, en
attendant que l'orage s'apaisât, et que
la lune commençât à se faire voir à travers les nuages.

Le postillon s'aperçut alors qu'il
s'était égaré dans l'obscurité et qu'il se
trouvait dans un chemin de traverse.
Nous n'avions, d'après cela, rien de
mieux à faire que de continuer tant bien
que mal cette route, dans l'espoir d'arriver au point du jour à un village. La voiture
fut réparée avec une branche d'arbre, et
nous avançâmes ainsi pas à pas. Comme
je marchais devant, j'aperçus une lumière dans l'éloignement, et je crus
même entendre des aboiemens de chiens.
Je ne m'étais pas trompé, car, au bout
de quelques minutes, le bruit devint plus
distinct. Nous arrivâmes devant une
grande maison située au milieu d'une
cour fermée de murs. Le postillon
frappa à la porte. Les chiens accouru-

rent en faisant un vacarme horrible ;
mais dans la maison tout restait tranquille. Cependant, quand le postillon
eut fait entendre son cor, une fenêtre
s'ouvrit à un des étages les plus élevés.
C'était celle à laquelle brillait la lumière
que j'avais aperçue, et une voix basse et
rauque cria :

« Christian! Christian ! »

« Oui, Monsieur, » répondit-on d'en
bas.

« On frappe et on donne du cor à
notre porte, reprit la première voix, et
les chiens font un bruit d'enragés. Prends
la lanterne et le fusil n° 3, et vois un
peu ce qui se passe. »

Au bout de quelques instans nous
entendîmes Christian apaiser les chiens,
et nous le vîmes enfin paraître avec la
lanterne. Le postillon observa qu'il fal-

lait qu'il se fût égaré en entrant dans la
forêt , puisque nous nous trouvions
devant la maison de l'inspecteur des chasses qui était à une lieue sur la droite du
relais que nous venions de quitter. Quand
nous eûmes fait part à Christian de l'ac-
cident qui nous était arrivé , il ouvrit
sur-le-champ les deux battans de la porte
et nous aida à faire entrer la voiture
dans la cour. Les chiens, devenus plus
tranquilles , couraient autour de nous
et nous léchaient les jambes, tandis que
l'homme qui ne s'était pas éloigné de la
fenêtre ne cessait de crier :

« Eh bien, qu'est-ce qu'il y a? qu'est-
ce qu'il y a ? quelle est cette cara-
vane ? »

Mais aucun d'entre nous ne lui faisait
de réponse. A la fin , pendant que Chris-
tain prenait soin de la voiture et des
chevaux , j'entrai dans la maison où je

fus reçu par un homme grand et fort dont le visage était hâlé par le soleil, la tête couverte d'un grand chapeau à plumet vert, mais, pour le reste, en che- mise et en pantoufles, un sabre nu à la main. Il me cria d'une voix assez rude:

« De quel pays venez vous ?....On ne trouble pas ainsi les gens la nuit.... ce n'est pas ici une auberge, un relais de poste.... c'est la demeure de l'inspecteur des chasses, et cet inspecteur, c'est moi.... Christian est un imbécile d'avoir ouvert la porte. »

Je racontai le plus humblement pos- sible mon aventure, en ajoutant que la nécessité seule m'avait forcé de causer tant d'embarras à M. l'inspecteur. Il s'adoucit à ce discours et dit :

« Il est vrai que l'orage a été bien fort; mais votre postillon est pourtant un co-

quin d'avoir pris une route pour l'autre
et d'avoir brisé la voiture; il devrait savoir trouver son chemin dans la forêt
les yeux bandés, et en être aussi sûr
que je le suis. »

L'inspecteur me fit monter, et, pendant qu'il posait son sabre, qu'il ôtait
son chapeau, et qu'il passait un habit,
il me pria d'excuser la manière un peu
brusque dont il m'avait reçu, parce que
sa demeure était isolée et qu'il était
obligé d'être fort sur ses gardes contre
les mauvais sujets de toute espèce qui
parcouraient le bois, et particulièrement
contre les prétendus francs-tireurs qui
plus d'une fois avaient attenté à sa vie.

« Mais, ajouta-t-il, les coquins ne
peuvent rien contre moi : car, avec
l'aide de Dieu, je remplis ma place avec
fidélité; et plein de confiance en ce Dieu
et en mon fusil, je brave tous ceux qui
voudraient me faire du mal. »

Je lui répondis, sans m'en apercevoir, par quelques mots pleins d'onction sur la confiance qu'il est toujours bon de mettre dans le ciel, genre de discours dont je n'avais pas encore perdu l'habitude, et l'inspecteur devint de plus en plus aimable. En dépit de mes protestations, il voulut absolument réveiller sa femme, matrone d'un âge déjà très-mûr, mais gaie et agissante. Quoiqué troublée dans son sommeil, elle accueillit avec plaisir son nouvel hôte, et commença sur-le-champ, d'après l'ordre de son mari, à me préparer à souper. L'inspecteur voulut que le postillon, pour sa punition, retournât la nuit même avec la voiture au relais d'où il était venu, et il s'engagea à me faire conduire lui-même plus loin aussitôt que je voudrais partir. J'y consentis d'autant plus volontiers que j'avais besoin d'un peu de repos. Je dis donc à l'inspecteur que je ne serais pas fâché de rester chez

lui jusqu'à l'après-midi du lendemain,
pour me remettre de la fatigue que
m'avait causée un voyage de plusieurs
jours consécutifs.

« Si vous suiviez mon conseil, Monsieur, reprit-il, vous resteriez avec nous
la journée entière de demain, et, dans
ce cas, après-demain mon fils, que
j'envoie pour mes affaires à la résidence
du prince, vous conduira jusqu'au relais
prochain. »

Je ne fis pas de difficulté de consentir
à cette proposition, et j'observai que la
solitude qui régnait en ce lieu me char-
mait plus que je ne pouvais dire.

« Je vous assure, Monsieur, dit l'inspecteur, que cette maison n'est pas du
tout solitaire, à moins que, selon l'u-
sage des habitans de la ville, vous ne
regardiez comme telles toutes celles qui

sont situées dans les bois; mais cela
dépend beaucoup des personnes qui y
demeurent. Je conviens que si, dans cet
ancien château de chasse, il y avait encore un vieux bourru comme mon prédécesseur , qui se renfermait entre ses
quatre murs et ne prenait aucun plaisir
à courir après le gibier, on pourrait le
regarder comme une habitation solitaire; mais depuis qu'il est mort, et que
Son Altesse a fait arranger ce bâtiment
pour servir de demeure à l'inspecteur de
ses chasses, il est devenu tout-à-fait vivant. Vous autres citadins, vous ne pouvez vous imaginer la joyeuse vie que les
chasseurs mènent. Nous ne formons tous
ici qu'une seule famille, et, quelque extraordinaire que cela puisse vous paraître, je vous proteste que mes chiens
aussi en font partie ; ils me compren-
nent, ils obéissent au moindre coup-
d'œil et sont fidèles jusqu'à la mort.
Voyez seulement mon Silvain, qui me

regarde d'un air si raisonnable, il sait
que je parle de lui ; d'ailleurs, Monsieur,
il y a toujours quelque chose à faire dans
les bois : le soir, il faut faire les prépa-
ratifs pour le lendemain ; et puis, aussitôt que le jour paraît, je quitte la
plume, et je sors en jouant un air de
chasse sur mon cor. Voilà que tout se
réveille peu à peu. Les chiens brûlent
d'impatience et de courage. Les jeunes
gens s'habillent à la hâte, et, la gibecière au côté, le fusil sur l'épaule, ils
se présentent dans la salle où ma vieille
leur prépare le déjeuner des chasseurs,
après quoi nous sortons tous pleins
d'ardeur et de gaieté. Nous arrivons aux
lieux où le gibier se tient caché. Là,
chacun de nous se met à son poste, les
chiens rampent, le museau contre terre,
flairant et regardant le chasseur avec
des yeux aussi raisonnables que ceux
d'un homme, tandis que leur maître,
respirant à peine, le fusil en arrêt, de-

meure comme enraciné à sa place....
Et puis, quand le gibier sort du taillis,
que les coups de fusil partent, que les
chiens se jettent dessus, alors, Monsieur, le cœur bat et l'on prend une
nouvelle vie. D'ailleurs, chaque expédition de chasse offre quelque chose
de nouveau qui n'est pas encore arrivé.
Quand il n'y aurait que les changemens
de saisons qui font que l'on trouve tantôt telle espèce de gibier et tantôt telle
autre, cela suffirait pour rendre ce plaisir
si délicieux qu'il n'y a pas d'homme au
monde qui puisse jamais s'en rassasier.
Et puis, Monsieur, le bois, le bois lui-
même est si gai et si plein de vie que je
ne m'y sens jamais seul. J'en connais
chaque arbre, et il me semble que chaque arbre que j'ai vu naître, et qui maintenant balance sa cime dans les airs,
doit aussi me connaître et m'aimer,
parce que je l'ai nourri et soigné ; il me
semble en vérité, quand j'entends dans

le bois des murmures si étranges, que ce sont des voix toutes particulières qui me parlent et qui chantent les louanges de Dieu et de sa toute-puissance, et prononcent une prière que des paroles d'aucune espèce ne sauraient exprimer. En un mot un chasseur honnête et pieux mène une fort joyeuse et fort agréable vie; il a conservé quelque chose de cette ancienne et belle liberté quand les hommes vivaient avec la nature et ne connaissaient rien de ce luxe et de ces frivolités dont ils se tourmentent dans leurs prisons entourées de murs, et qui les rendent tout-à-fait étrangers à toutes les belles choses que Dieu a placées autour d'eux pour les réjouir et les édifier, comme elles faisaient autrefois aux hommes libres qui vivaient en amitié et en charité avec toute la nature, ainsi que les vieilles histoires nous l'apprennent. »

Le vieil inspecteur me dit tout cela d'un ton et avec une expression qui ne me permirent pas de douter qu'il ne pensât ce qu'il disait , et je lui enviais véritablement cette heureuse vie qu'il menait et la profonde tranquillité de sa conscience si différente de la mienne.

Le maître de la maison me conduisit dans une petite chambre fort propre, située dans une autre partie de l'édifice , qui était beaucoup plus grand que je ne l'avais d'abord supposé. J'y trouvai déjà mes effets , et mon hôte me dit en me quittant que je ne devais pas craindre d'être réveillé de trop bonne heure , attendu que j'étais séparé de tout le reste du ménage ; que je pouvais en conséquence dormir aussi long-temps que je voudrais, et que l'on ne m'apporterait mon déjeuner que quand je le demanderais. Du reste , il m'avertit que je ne le reverrais qu'à l'heure du dîner, parce qu'il partait dès le matin pour le bois et qu'il ne revenait que pour se mettre à table.

Quand il fut parti, je me jetai sur mon lit, et fatigué comme je l'étais, je ne tardai pas à m'endormir profondément ; mais je fus tourmenté par un rêve terrible. Il commença d'une manière fort singulière par la sensation même du sommeil. Je me disais en moi-même : il est bien heureux que je me sois endormi si promptement, et que mon sommeil soit si tranquille ; cela me remettra tout-à-fait de mes fatigues ; seulement il ne faudra pas que j'ouvre les yeux. Il me semblait pourtant que je ne pouvais pas m'empêcher de les ouvrir, et que je le faisais sans que pour cela mon sommeil fût interrompu. Tout à coup la porte s'ouvrit, et je vis entrer dans ma chambre une figure sombre, qu'à mon grand effroi je reconnus pour ma propre personne, en robe de capucin, avec la

4*

barbe et la tonsure. La figure s'approcha de mon lit ; je demeurais immobile ; je cherchais vainement à parler ; j'étais comme saisi d'un tétanos universel. Cependant la figure s'assit sur mon lit, et me regarda avec un sourire moqueur et affreux :

« Il faut maintenant que tu viennes avec moi, me dit-elle ; nous monterons ensemble sur le toit, nous nous placerons sous la girouette, qui chante une épithalame parce que le hibou se marie. Là nous lutterons ensemble, et celui qui jettera l'autre en bas sera roi et pourra boire du sang. »

Je sentais que la figure me prenait dans ses bras et m'élevait en l'air. Alors le désespoir me rendit des forces.

« Tu n'es pas moi! tu es le diable ! » m'écriai-je ; et je saisis le fantôme au visage comme avec des griffes ; mais je

crus remarquer que mes doigts s'enfon-
çaient dans ses yeux qui étaient creux,
et la figure se mit encore à rire comme
la première fois. En ce moment je me
réveillai, secoué avec force ; mais le
rire continuait à se faire entendre dans
la chambre. Je me mis sur mon séant ;
les premiers rayons de l'aurore péné-
traient dans mes fenêtres, et je vis, assise près de la table et le dos tourné
de mon côté, une figure en habit de capucin ; une frayeur mortelle s'empara
de moi : mon rêve s'était réalisé !

Le capucin s'amusait avec les objets
qui étaient sur ma table. Tout à coup
il se retourna et sa vue me rendit le
courage, car j'aperçus un visage étranger, les joues ombragées d'une barbe
noire et en désordre, et les yeux ani-
més par le regard de la démence. Quel-
ques-uns de ses traits me rappelaient vaguement ceux d'Hermogène.

Je résolus d'attendre ce que l'inconnu ferait et de m'opposer seulement à ses attaques. J'avais à côté de moi mon stylet, ce qui joint à ma force physique , sur laquelle je pouvais compter, me mettait à même de ne rien craindre, même sans aucun secours étranger. Le capucin paraissait jouer avec mes effets comme un enfant. Il prenait surtout plaisir à regarder et à manier mon portefeuille rouge, qu'il élevait à la lumière en faisant des sauts bizarres. A la fin il trouva le flacon contenant le reste du vin mystérieux. Il l'ouvrit et le flaira. Aussitôt il trembla de tous ses membres et jeta un cri qui retentit horriblement dans ma chambre. Une horloge de la maison sonna trois heures ; quand il l'entendit , il se mit à gémir comme s'il eût été saisi d'une douleur effroyable ; après quoi il recommença à rire , comme il l'avait fait dans mon songe. Il fit encore des sauts , but dans le flacon , et le jetant

ensuite loin de lui, il sortit précipitamment de la chambre.

Je me hâtai de me lever et de le suivre ; mais il était déjà bien loin. Je l'entendis descendre à grands pas par un
escalier éloigné , ce qui fut suivi d'un
coup sourd , semblable à celui d'une
porte que l'on ferme avec violence. Je
rentrai chez moi, et mettant le verrou à
la mienne pour m'épargner le désagré-
ment d'une seconde visite, je me jetai
de 'nouveau sur mon lit; j'étais trop
épuisé pour ne pas me rendormir bientôt. Quand je me réveillai , le soleil était
déjà élevé sur l'horizon.

Le maître de la maison était, ainsi
qu'il m'en avait prévenu, parti pour le
bois avec ses fils. Une jeune fille , aimable et fraîche , la dernière de ses enfans,
m'apporta mon déjeuner, pendant que
sa sœur aînée aidait sa mère à la cuisine.

Elle me raconta avec une naïveté charmante combien sa vie était heureuse, me peignit la douce concorde qui régnait au sein de sa famille , et le repos dont on jouissait dans la maison de son père, excepté quand parfois le prince venait faire une grande chasse et passait la nuit chez eux.

Une couple d'heures se passèrent ainsi. Midi arriva. Le joyeux son des cors annonça le retour de l'inspecteur, qui revenait à la maison avec ses quatre fils, jeunes gens brillans de santé et d'éclat, dont le dernier n'avait que quinze ans, et avec trois garçons de chasse. Il me demanda si j'avais bien dormi, et si le bruit ne m'avait pas troublé. Je ne lui parlai pas de mon aventure, car l'image vivante du capucin s'était tellement liée dans ma tête avec celle que j'avais vue en songe, que je n'étais pas bien sûr que le tout ne fût pas une illusion.

Le couvert était mis, la soupe fumait, le vieillard venait d'ôter son bonnet pour faire la prière, quand la porte de la salle à manger s'ouvrit, et le capucin que j'avais vu pendant la nuit s'y présenta. Aucune trace de démence ne se montrait plus sur sa figure ; mais son air était sombre et mécontent.

« Soyez le bien venu, mon père, lui dit le maître de la maison. Faites, s'il vous plaît, la prière, et mettez-vous à table avec nous. »

Le capucin, regardant autour de lui avec des yeux étincelans, s'écria d'une voix terrible :

« Que Satan te déchire, avec tes flatteries et tes prières! M'as-tu fait venir ici pour que je sois le treizième et pour que tu puisses me faire tuer par l'assassin étranger? Ne m'as-tu pas mis cette

robe afin que personne ne reconnût le
comte ton maître et ton seigneur ? Mais
garde-toi, misérable, de ma colère ! »

A ces mots, le moine saisit une lourde
cruche de terre qui était sur la table, et
la jeta à la tête du vieillard, qui n'évita
le coup qui l'aurait assommé qu'en se
baissant avec adresse. La cruche heurta
le mur et se brisa en mille pièces. Mais
au même instant les garçons de chasse
empoignèrent le moine et l'empêchèrent
de bouger.

« Quoi ! s'écria l'inspecteur, malheureux blasphémateur, tu te permets de
venir encore te livrer à tes extravagances
au milieu d'une famille pieuse ? Tu oses
attenter à la vie de celui qui t'a tiré d'un
état semblable à celui des bêtes, qui t'a
sauvé de la perdition éternelle et t'a
rendu à la vie? Va dans la tour ! »

Le moine se jeta à genoux, et implora

la pitié du maître ; mais le vieillard demeura ferme, et dit :

« Il faut que tu ailles à la tour, et tu ne reviendras que quand je saurai que tu as renoncé au démon qui t'aveugle; sans cela tu mourras. »

A ces mots le capucin se mit à pousser des cris comme s'il avait déjà vu le mort devant les yeux; mais les garçons de chasse l'entraînèrent, et en revenant ils dirent que le prisonnier était redevenu tranquille aussitôt qu'il s'était vu dans la chambre de la tour. Christian, qui était chargé de le surveiller, raconta que pendant toute la nuit il avait parcouru les corridors de la maison, et qu'il avait surtout été bruyant vers le point du jour, ne cessant de crier : « Donne-moi encore de ton vin. Je me livrerai entièrement à toi. Encore du vin! encore du vin! » Du reste, Christian observa

que le moine paraissait réellement ivre,
quoiqu'il ne pût concevoir comment il
avait pu faire pour se procurer une li-
queur spiritueuse. Je ne balançai plus
après cela à faire part de ce qui m'était
arrivé pendant la nuit, et je n'oubliai
pas de parler du flacon qu'il avait vidé.

« C'est fort triste , dit l'inspecteur;
mais vous me paraissez être un homme
honnête et courageux. Tout autre que
vous serait mort de peur. »

Je le priai de me donner quelques détails sur le religieux.

« Hélas! reprit-il, c'est une histoire
longue et romanesque qui ne vaut rien
pendant le dîner. C'est déjà assez que ce
malheureux nous ait troublés par sa
conduite impie au moment où nous
allions jouir en paix des biens que Dieu
nous a accordés. Maintenant, mettons-
nous à table sans plus tarder. »

Otant pour lors de nouveau son bonnet, il prononça dévotement la prière ,
après quoi nous achevâmes au milieu
des conversations les plus gaies le repas
frugal , mais abondant et bien accom-
modé. Pour faire honneur à son convive,
le vieillard tira de sa cave une bouteille
de vin vieux dont il m'offrit , selon la
coutume patriarcale , une coupe or-
née après l'avoir portée lui-même à
ses lèvres. Les garçons de chasse prirent
des cors suspendus au mur, et jouèrent
un air des bois. A la seconde reprise les
jeunes filles se mirent à chanter, et le
morceau se termina par un refrain en
chœur. Ma poitrine s'élargissait éton-
namment; je respirais avec plus de liberté; depuis long-temps je ne m'étais
senti aussi heureux que chez ces gens
simples et honnêtes. On chanta plusieurs chansons mélodieuses, jusqu'à ce
que le vieillard , s'étant levé, vida son
verre en disant :

« Vivent tous les braves gens qui ai-
ment le noble plaisir de la chasse ! »

Nous répétâmes tous le même souhait, et ce fut ainsi que se termina ce
joyeux repas que la musique et le vin
avaient embelli. Le vieillard me dit
pour lors :

« Maintenant, Monsieur, j'ai l'habitude de dormir pendant une demi-heure;
mais après cela nous irons faire une
promenade dans la forêt, et je vous ra-
conterai la manière dont ce moine est
entré chez moi, et tout ce que je sais
sur son compte. Quand le jour sera
tombé nous irons à l'affût où François
m'a dit que nous trouverions des perdrix. Je vous donnerai un bon fusil, et
vous tenterez avec nous la fortune. »

Ce plaisir était nouveau pour moi :
car, étant au séminaire, j'avais assez

souvent tiré au blanc, mais jamais au gibier. J'acceptai donc l'offre de l'inspecteur, qui en parut enchanté et qui essaya de me donner à la hâte, et avant même de faire sa méridienne, les premières notions indispensables de son art.

Armé d'un fusil et muni d'une gibecière, je suivis mon hôte dans le bois où il commença en ces termes l'histoire du capucin.

CHAPITRE V.

•

« Il y aura deux ans l'automne prochain, qu'un jour mes garçons enten-
dirent dans la forêt des gémissemens
affreux, que François, le plus jeune
d'entre eux, m'assura venir d'une per-

sonne, quoique le son de la voix n'eût
rien d'humain. François était destiné à
être tourmenté par ce fantôme : car quand
il allait à l'affût, les gémissemens qui
se faisaient entendre tout à côté de lui
effrayaient le gibier, et enfin, comme il
allait un jour tirer, il vit paraître subi-
tement une créature poilue et mécon-
naissable qui sortit du taillis et lui fît
manquer son coup. François avait la
tête pleine de toutes les histoires de re-
venans, que son père, vieux chasseur,
lui avait racontées, et il n'était pas éloigné de regarder cette créature comme
Satan lui-même, qui voulait l'empêcher
de se livrer à sa profession ou le séduire de
quelque autre manière. Cependant les autres garçons et même mon fils, qui avait
aussi rencontré ce fantôme, confirmèrent
ce que François m'avait dit, et je mis
d'autant plus d'importance à découvrir le
fond de cette affaire que je commençais
à la regarder comme une ruse des francs

tireurs qui voulaient m'empêcher d'aller
à l'affût.

» Je donnai ordre en conséquence à
mon fils et aux garçons, la première
fois que l'apparition se montrerait de
nouveau, de lui parler, et, si elle re-
fusait de s'arrêter ou de répondre, de
tirer dessus selon le droit de la chasse.
François fut encore le premier qui la
rencontra ; il l'appela en le couchant en
joue ; mais le fantôme se sauva dans l'é-
paisseur du bois. François voulut tirer ;
mais son fusil rata, et aussitôt il courut plein d'effroi auprès de son cama-
rade, bien convaincu que c'était le démon
lui-même qui éloignait de lui le gibier
et enchantait son fusil ; et, en effet,
quoique excellent tireur, il n'avait pas
tué une pièce depuis que le fantôme
lui était apparu pour la première fois.

» Le bruit du revenant de la forêt se

répandit dans les environs, et l'on racontait déjà dans le village que le diable s'était montré à François et lui avait offert des balles enchantées. Je résolus donc de mettre fin à toutes ces sottises, et de poursuivre moi-même le fantôme qui, par hasard, ne s'était jamais présenté à moi. Je fus assez long-temps avant de pouvoir le rencontrer. A la fin, me trouvant, dans une soirée nébuleuse du mois de novembre, précisément à l'endroit où il s'était montré d'abord à François, j'entendis un léger bruit dans le taillis; j'armai tout doucement mon fusil, m'attendant à voir paraître un animal; mais, au lieu de cela, je vis une figure horrible, avec des yeux rouges et étincelans, des cheveux noirs et durs, et couverte de haillons. Le fantôme me regarda fixement en poussant des gémissemens affreux. En vérité, Monsieur, c'était un spectacle fait pour effrayer l'homme le plus courageux; il me semblait que j'avais réellement le démon devant les yeux, et une sueur froide coula de mon front. En attendant, une prière que je prononçai à haute voix me rendit mes forces. Quand le fantôme m'entendit prier et reconnut le nom de notre Sauveur, il redoubla ses hurlemens et finit par se livrer aux plus horribles imprécations. Je lui criai pour lors : Infâme scélérat, cesse tes discours impies et rends-toi prisonnier, ou je te tue. A ces mots il se jeta par terre en pleurant et implora ma pitié. Mes garçons arrivèrent, ils s'emparèrent de lui et le conduisirent à la maison où je le fis renfermer dans une tour, séparée du principal corps de logis, résolu de faire, le lendemain matin, ma déclaration devant le magistrat.

» Aussitôt qu'il fut arrivé dans la tour, il tomba dans une espèce d'évanouissement. Quand je me rendis le lendemain

près de lui , il était assis sur le lit de
paille que je lui avais fait préparer et
pleurait amèrement. Il se jeta à mes
pieds et me supplia d'avoir pitié de lui ;
il me dit que depuis plusieurs semaines
il errait dans les bois, ne mangeant que
de l'herbe et des fruits sauvages ; il
m'apprit en outre qu'il était un pauvre
capucin d'un couvent éloigné , qui s'é-
tait sauvé de la prison où on l'avait renfermé parce que sa raison était égarée.
Il est vrai que ce malheureux était dans
un état pitoyable. J'eus compassion de
lui ; je lui fis donner des alimens et du
vin , régime qui lui rendit promptement
ses forces. Il me pria instamment de
permettre qu'il restât pendant quelques
jours seulement chez moi et de lui procurer un nouvel habit de son ordre, après
quoi il me promit qu'il retournerait de
lui-même à son couvent. Je consentis
à sa demande, et sa folie parut calmée,
les accès en étant beaucoup moins fré-

quens et moins forts. Dans les momens
où sa raison s'égarait il prononçait les
discours les plus horribles , et je remarquai que quand je lui parlais avec dureté
à ce sujet , et que je menaçais de le lier,
il éprouvait une fureur intérieure pendant laquelle il se livrait aux pénitences
les plus rudes , et appelait Dieu et ses
saints à son secours pour le délivrer des
tourmens qu'il éprouvait. Dans ces momens il disait qu'il était saint Antoine,
tandis que dans ses accès de folies il
prétendait être un comte, un grand seigneur, et nous menaçait de nous faire
tous mourir aussitôt que ses gens arri-
veraient. Dans ses intervalles de raison,
il me priait à mains jointes de ne pas
l'abandonner , disant qu'il sentait bien
qu'il n'y avait que son séjour chez moi
qui pût le guérir.

»Une seule fois il nous fit une scène
horrible : c'était peu de temps après que

le prince, après une grande chasse, fut venu passer une nuit chez moi. Le moine était tout-à-fait changé depuis qu'il avait vu le prince avec sa brillante suite ; il demeurait triste et réservé et s'éloignait précipitamment quand nous commençâmes la prière. Il frissonnait de tous ses membres aussitôt qu'il entendait un mot de piété. D'un autre côté, il jetait à ma fille Anna des regards si inconvenans que je résolus de l'emmener de chez moi pour éviter quelque malheur. La nuit qui précéda le jour où je voulais mettre mon projet à exécution, je fus réveillé par des cris horribles dans le corridor ; je sautai à bas du lit et je courus avec une chandelle allumée vers la chambre où mes filles couchaient. Le moine s'était sauvé de la tour où je le tenais renfermé et s'était rendu directement à cette chambre dont il avait brisé la porte d'un coup de pied. Par bonheur, François était sorti de

celle des garçons, pressé par une soif
insupportable, et il se rendait à la cuisine pour chercher de l'eau, quand il
entendit le moine dans le corridor; il
courut et le saisit par derrière au moment où il venait de briser la porte;
mais le jeune homme n'était pas assez fort
pour se rendre maître du fou. Ils luttè-
rent, au milieu des cris des jeunes filles
qui s'étaient réveillées, et j'arrivai au moment où l'étranger, après avoir jeté le
garçon par terre, venait de le prendre à
la gorge. Sans rien considérer, je m'em-
parai du moine et je débarrassai François; mais tout à coup, et sans que je
puisse expliquer moi-même comment
la chose arriva, je vis briller un couteau
dans sa main; il voulut me porter un
coup; mais François, qui s'était remis,
lui arrêta le bras, et bientôt, comme je
suis très-fort, je parvins à le coller contre le mur, au point qu'on eût dit que la
respiration allait lui manquer.

» Cependant tous les garçons s'étaient réveillés au bruit et étaient accourus. Nous liâmes le moine, et le jetâmes dans la tour ; je pris un grand fouet et je lui distribuai quelques bons coups pour lui apprendre à se mieux conduire à l'avenir. Il pleura et gémit horriblement; mais je lui dis : Misérable! ce que je te fais n'approche pas de ce que tu mérites. Tu as voulu m'enlever ma fille et me donner la mort. Je devrais te faire mourir! L'inquiétude et l'effroi lui firent pousser des cris affreux, car il n'y avait rien qui fît autant d'effet sur lui que la crainte de la mort. Le lendemain matin, il fut impossible de l'emmener, car il demeurait étendu presque sans mouvement, et il m'inspira une véritable pitié. Je lui fis préparer une chambre plus propre et un meilleur lit, et ma femme prit soin de lui en lui donnant des bouillons restaurans et les remèdes dont il avait besoin, qu'elle tirait de notre pharmacie de ménage.

» Ma vieille a la bonne habitude, quand elle est seule, de chanter des chansons pieuses, mais quand elle veut être tout-à-fait contente, elle dit à ma fille Anna de lui en chanter une de sa voix si pure. Cela se faisait ainsi près du lit du malade. Il soupirait alors pro- fondément, jetait à ma femme et à ma' fille des regards douloureux, et souvent les larmes lui venaient aux yeux. Parfois il faisait de la main et des doigts un mouvement comme s'il eût voulu faire le signe de la croix ; mais il ne pouvait y parvenir ; sa main retombait sans force à ses côtés; parfois aussi il avait l'air de vouloir chanter avec les femmes. A la fin il commença à guérir visiblement. Pour lors, il faisait souvent le signe de la croix à la manière des moines, et priait à voix basse. Tout à coup il se

mit un jour à chanter des vers latins, et
quoique ma femme et Anna ne com-
prissent pas un mot de ce qu'il disait,
son ton était si pieux qu'elles en furent
tout-à-fait édifiées.

» La santé du religieux se rétablit au
bout de quelque temps, au point de lui
permettre de parcourir la maison; mais
son apparence et ses manières étaient
tout-à-fait changées. Au lieu du feu qui
brillait autrefois dans ses yeux, il y régnait alors une douceur extrême. Il
marchait lentement à la manière des
moines, les mains jointes et avec un
air de méditation. Jusqu'aux moindres
traces de démence avaient disparu. Il
ne mangeait que des légumes et du pain,
et ne buvait que de l'eau, et dans les derniers temps j'ai eu de la peine à obtenir
de lui qu'il s'assît quelquefois à ma table, qu'il mangeât avec nous et bût un
verre de vin. C'était pour lors lui qui di-

5*

sait grâces, et il nous réjouissait tous
par ses discours : car j'ai vu peu de personnes avoir le talent de la parole à un
plus haut degré que lui.

» Il allait souvent se promener seul
dans la forêt. Un jour que je l'y rencontrai, je lui demandai sans songer précisément à ce que je disais, s'il n'avait
pas l'intention de retourner bientôt
dans son couvent. Il parut fort ému à
cette question, me prit la main et me
dit : Mon ami, c'est à vous que je dois le
salut de mon âme. Vous m'avez sauvé de
la perdition éternelle. Il m'est impossible
de me séparer encore de vous; permettez
que je reste. Ayez pitié de moi, car le
démon m'a séduit, et j'aurais été irrévo-
cablement perdu, si le saint, auquel
dans des momens affreux j'ai adressé
mes prières, ne m'eût amené dans ma
démence au sein de cette forêt. Vous
m'avez trouvé, continua le moine après

un moment de silence, dans un état complet d'abrutissement, et vous ne vous doutez pas encore que j'aie été un jeune homme sur lequel la nature avait répandu ses dons les plus rares, et qui n'ai été entraîné dans le cloître que par mon goût romanesque pour la solitude et pour les études les plus abstraites. Mes frères avaient pour moi l'amitié la plus grande, et je vivais aussi heureux qu'il est possible de l'être dans un couvent. Je m'élevais par ma piété et par ma conduite irréprochable, au point que déjà tout le monde voyait en moi le prieur futur. Or, il arriva sur ces entrefaites qu'un de mes frères revînt de lointains voyages, apportant avec lui plusieurs reliques qu'il s'était procurées sur la route. Dans le nombre se trouvait une bouteille bouchée, que, d'après ce qu'il nous dit, saint Antoine avait enlevée au diable, et qui contenait un élixir. Il me fut impossible d'accorder à cette relique

le même respect et la même foi qu'aux autres, tant la tradition me parut absurde.
En attendant, un désir extrême de
découvrir ce que cette bouteille pouvait
réellement contenir s'empara de moi.
Je réussis à en obtenir la possession, je
l'ouvris et j'y trouvai un breuvage un
peu fort, d'un goût délicieux, et que je
bus jusqu'à la dernière goute. Je ne vous
peindrai point comment après cela mon
esprit changea tout à coup de direction,
comment j'éprouvai une soif insatiable
des plaisirs du monde, comment le vice
sous ses formes séductrices me parut le
bien suprême. Quoi qu'il en soit, ma vie
devint une série de crimes abomina-
bles, de sorte que quand, en dépit de
mon adresse infernale, je fus enfin dé-
couvert, le prieur me condamna à une
prison perpétuelle. J'avais déjà passé
plusieurs semaines dans un cachot sombre et humide, je maudissais ma personne et mon existence, je blasphémais

contre Dieu et ses saints, quand le démon vint me trouver dans une flamme
rouge, et me dit que si je voulais renoncer entièrement au Tout-Puissant et
promettre de le servir il me délivrerait.
Je me jetai aussitôt à genoux, et je m'é-
criai : Le Dieu que je sers n'est pas Dieu.
C'est toi qui est mon Seigneur. De tes
ardeurs découle le bonheur de la vie. A
ces mots, un bruit se fit entendre dans
l'air comme d'un ouragan, les murs
s'ébranlèrent comme par un tremblement
de terre. Les barreaux de fer de ma fenêtre tombèrent, et je fus entraîné par
une puissance invisible jusque dans la
cour du couvent. La lune brillait dans
les cieux, et ses rayons tombaient sur
une statue de saint Antoine, placée au
milieu de la cour, près d'une fontaine.
Une frayeur inexprimable s'empara de
mon cœur; je me jetai à genoux devant
le saint, je renonçai au malin esprit, et
j'implorai la pitié céleste; mais soudain

des nuages noirs s'élevèrent, l'ouragan recommença, je perdis la connaissance et ne la retrouvai que dans le bois où j'ai long-temps erré livré à la faim et au désespoir, et dans l'état affreux d'où vous m'avez tiré.

» Tel fut, continua l'inspecteur, le récit que me fit le moine, et l'impression que j'en éprouvai fut si profonde que je suis bien sûr de m'en rappeler toute ma vie jusqu'aux moindres expressions. Depuis ce temps, le moine s'est conduit chez moi avec tant de piété et de bonté que nous l'avons tous pris en amitié; aussi ma surprise est-elle grande de ce qu'il ait eu la nuit dernière un nouvel accès de démence. »

« Ignorez-vous donc entièrement, demandai-je à l'inspecteur, quel est le couvent de capucins d'où ce malheureux est sorti? »

— « Il me l'a caché, et je crains d'autant plus de le lui demander, que je suis à peu près certain que c'est le même infortuné dont il a été en dernier lieu si fort question dans les entretiens de la cour. On ne s'y doute pas, je pense, qu'il soit si près, et pour son bonheur je ne voudrais pas qu'on sût les soupçons que j'ai formés. »

— « Mais vous ne courez aucun risque en me les communiquant; je suis un étranger et je vous jure de garder le secret le plus scrupuleux sur ce que vous me direz. »

— « Vous saurez donc que la sœur de notre princesse est abbesse du couvent de Bernardines à ***. Cette dame avait pris sous sa protection le fils d'une pauvre femme, dont le mari a eu, à ce que l'on prétend, certaines relations secrètes avec notre cour, et l'avait fait élever.

Devenu capucin par goût, il s'était fait
une grande réputation comme prédicateur. Madame l'abbesse parlait souvent
de son protégé dans les lettres qu'elle
écrivait à sa sœur, et depuis quelque
temps elle déplorait vivement sa perte.
On dit qu'il a commis un grand péché
en abusant d'une relique qui lui avait été
confiée et qu'il a été en conséquence
banni du couvent dont il avait été long-
temps l'ornement. Je sais tout cela d'une
conversation que j'ai entendue en dernier
lieu entre le médecin du prince, et un
seigneur de la cour. Ils parlèrent de
plusieurs circonstances fort extraordi-
naires ; mais qui sont restées incompré-
hensibles pour moi, parce que je ne suis
pas au fait de tous les détails de cette
histoire. Quant au récit du moine sur la
manière dont il est sorti du couvent, je le
regarde comme une suite de l'égarement
de son esprit, et je suis convaincu que ce
religieux est ce même frère Médard que

l'abbesse avait fait élever pour l'état ecclésiastique et à qui le diable, par ses tentations, a fait commettre des péchés qui lui ont attiré un si terrible jugement de Dieu. »

Quand l'inspecteur prononça le nom de Médard, un frisson me saisit. Du reste l'histoire tout entière n'avait cessé d'enfoncer des coups de poignard dans mon sein. Je n'étais que trop convaincu que le moine avait dit la vérité, puisque c'était ce même breuvage infernal qui venait de le faire retomber dans sa démence impie. Mais moi-même j'étais rabaissé jusqu'à me voir le jouet de cette puissance maligne et mystérieuse qui m'enlaçait de mille liens, en sorte qu'au lieu d'être libre comme je le pensais, je ne faisais que me mouvoir dans l'intérieur de la cage dans laquelle j'étais renfermé sans espoir de délivrance. Je savais la cause du changement soudain

qui s'était fait en moi : je rougis de ma
conduite, et cette honte prit en ce moment la place du repentir et de la con-
trition que j'aurais dû éprouver dans
une véritable pénitence.

Absorbé dans mes réflexions, je n'é-
coutais plus l'inspecteur qui me reparlait
de ses chasses et me racontait les com-
bats qu'il avait eus avec les braconniers
et les francs-tireurs. Le crépuscule avait
commencé et nous étions arrivés devant
le taillis où devait se trouver les perdrix.
Mon hôte m'assigna mon poste, me re-
commanda bien de ne pas parler, de ne
presque pas faire de mouvement et de
guetter attentivement, le fusil armé à la
main. Il me quitta après cela, et me
laissa seul dans l'obscurité qui devenait
de plus en plus profonde.

L'ombre facilitant le travail de mon
imagination, je crus voir errer dans le

bois mille figures de ma vie passée. Je
vis ma mère et l'abbesse qui me con-
templaient d'un œil sévère. Euphémie s'é-
lançait sur moi, pâle comme la mort;
elle me regardait de ses yeux noirs et
brillans, elle levait avec un mouvement
menaçant ses mains toutes sanglantes;
hélas! c'était du sang d'Hermogène qui
dégouttait de ses doigts. Je jetai un cri.
Tout à coup une volée d'oiseaux se leva
à côté de moi; je tirai en l'air sans savoir ce que je faisais, et deux perdrix
tombèrent à mes pieds.

« Bravo! » cria le garçon de chasse le
plus voisin en ramassant une troisième
perdrix qu'il venait d'abattre. Des coups
de fusil retentirent aussitôt de tous les
côtés, et les chasseurs se rassemblèrent
chacun portant son butin. Le garçon
raconta en souriant d'un air malin que
j'avais jeté un cri, comme si j'avais eu
peur, en voyant lever les oiseaux, et

que j'avais tiré sans viser, ce qui ne
m'avait pas empêché d'en abattre deux.
Il ajouta que si l'obscurité ne l'avait pas
trompé, il croyait bien avoir remarqué
que j'avais tiré du côté opposé à la volée.
Ce récit fit rire le vieil inspecteur à gorge
déployée; il fit de grands éloges de mon
adresse et ajouta :

« Du reste, Monsieur, j'espère que
vous êtes un honnête chasseur et non
pas un franc-tireur qui avez fait pacte
avec le diable, et qui pouvez tirer de quelque côté que vous vouliez sans jamais
manquer votre coup. »

Cette plaisanterie de l'inspecteur,
quoique débitée avec gaieté et franchise,
me saisit, et le bonheur même que j'a-
vais eu en tirant ainsi au hasard me
remplit malgré moi d'effroi. Moins que
jamais d'accord avec mon cœur, j'étais
devenu suspect à moi-même, et j'éprou-

vais une horreur secrète qui menaçait
de m'anéantir.

Quand nous rentrâmes à la maison ,
Christian nous dit que le moine se
tenait fort tranquille dans la tour, qu'il
n'avait pas prononcé un mot et n'a-
vait pas voulu prendre de nouriture.

« Je n'ose pas le garder plus long-
temps chez moi, dit l'inspecteur : car
qui me répondra que sa folie, qui paraît
incurable, n'éclatera pas de nouveau au
moment où l'on s'y attendra le moins
et ne causera pas quelque grand malheur
dans ma maison ? Il faut qu'il parte demain de très-grand matin pour la ville
avec Christian et François. Mon rapport
sur toute cette affaire est en règle depuis
fort long-temps, et on n'aura qu'à le
mettre à l'hôpital des aliénés. »

Quand je me retrouvai seul dans ma

chambre je crus voir devant moi la
figure d'Hermogène ; mais au moment où
je voulus la toucher, elle se changea en
celle du moine insensé. Ces deux images
se mêlaient dans mon esprit, et formaient
comme une sorte d'avertissement que je
recevais de la Providence sur le bord de
l'abîme. Mon pied heurta contre le
flacon qui était resté par terre. Le moine
l'avait vidé jusqu'à la dernière goutte,
ce qui me délivrait de la tentation d'en
boire encore. Cependant le flacon exha-
lait toujours une odeur très-forte. Je le
pris et le jetai par la fenêtre, au-delà
du mur de la cour, pour anéantir désor-
mais tout effet possible du fatal élixir.
P eu àpeu je devins plus tranquille, et je
me sentis même encouragé par la pensée
qu'il fallait que je fusse, sous le rapport
de la raison, infiniment supérieur à ce
moine qui avait perdu l'esprit par la
p etite quantité d'élixir qu'il avait bue.
Je me réjouis à l'idée d'avoir échappé à

ma terrible destinée, et je regardai
comme une marque de faveur de la
Providence, qui ne voulait pas encore
me livrer à un malheur irréparable, la
circonstance qui avait fait que l'inspecteur des chasses avait pris cet autre religieux pour le malheureux frère Médard,
pour moi-même. Ne devais-je pas croire
que la démence qui partout suivait mes
pas et qui paraissait seule en état de me
pénétrer, avait pour mission de me
mettre sur mes gardes contre mon mauvais génie qui m'apparaissait sous la
figure menaçante du peintre?

Je me sentais irrésistiblement attiré
vers la résidence. Je ne doutais pas que
la sœur de ma protectrice qui, à ce que
je savais par un portrait que j'avais vu
d'elle, avait une grande ressemblance
avec l'abbesse, ne me ramenât dans la
route de la vertu que j'avais autrefois
parcourue : car dans la situation d'esprit

où j'étais alors je n'aurais eu besoin pour
cela que de la vue de l'abbesse et des souvenirs que cette vue ne manquerait pas
d'exciter en moi. Du reste, une fois dans
la capitale, je voulais abandonner au
hasard le soin de me rapprocher de cette
princesse.

Le jour paraissait à peine quand j'entendis la voix de l'inspecteur dans la
cour. Je devais partir de bonne heure
avec son fils. Je me hâtai donc de m'habiller. Quand je descendis je trouvai
devant la porte une charrette garnie de
paille. On amena le moine qui se laissait
conduire sans résistance. Il était pâle et
paraissait troublé. Il ne répondait à aucune question, ne voulait rien prendre,
et semblait à peine s'apercevoir des personnes qui l'entouraient. On le porta
dans la charrette où on l'attacha avec des
cordes : car son état n'était nullement
tranquillisant et laissait craindre d'un

moment à l'autre un accès de fureur.
Quand on lui lia les bras, un mouvement
convulsif se fit voir sur son visage et il
poussa un faible gémissement. Sa position me perça le cœur. Une liaison
mystérieuse s'était formée entre nous,
et j'allais probablement devoir mon salut
à sa perte. Christian et son garçon de
chasse se placèrent à côté de lui dans la
charrette. Ce ne fut qu'en se mettant en
route que son regard tomba sur moi, et
il parut tout à coup saisi d'une extrême
surprise. Quand la charrette s'éloigna,
sa tête demeura tournée de notre côté,
et ses yeux restèrent fixés sur moi.

« Voyez-vous, me dit le vieil inspecteur, comme il vous regarde ? Je crois
que votre présence dans la salle à manger, à laquelle il ne s'était point attendu,
a beaucoup contribué à sa conduite
extravagante : car, même dans ses momens les plus tranquilles, il se montrait

fort timide, et craignait toujours que
quelque étranger ne vînt pour le tuer.
Son effroi pour la mort passe toutes les
bornes et j'ai plus d'une fois réussi à
calmer ses plus forts accès en le menaçant de lui brûler la cervelle. »

Quant à moi je me sentis plus léger
et plus tranquille après le départ du
moine dont l'apparition réfléchissait
ma propre personne sous des traits al-
térés et affreux. J'aspirais après le séjour
de la capitale, car il ne semblait que
c'était là que le poids de la sombre et
terrible destinée qui m'oppressait devait
m'être enlevé, et que mes forces redou-
blées me permettraient de m'arracher à
la puissance ténébreuse qui gouvernait
ma vie. Après que nous eûmes déjeuné,
la voiture de l'inspecteur, qui était com-
mode et attelée de bons chevaux, parut
devant la porte. J'eus de la peine à faire
accepter aux jeunes filles quelques bijoux

de peu de valeur que j'avais par hasard
sur moi. Toute la famille prit congé de
moi avec autant de cordialité que si nous
eussions été d'anciennes connaissances.
Le vieillard ne me quitta pas sans me
plaisanter encore sur mon talent pour
la chasse. Je partis le cœur plein de gaieté
et de bonheur.

CHAPITRE VI.

La résidence du prince formait un contraste parfait avec la ville commerçante que je venais de quitter. D'une étendue beaucoup moins considérable, elle était d'une construction plus régulière et plus belle, mais elle manquait d'habitans. La plupart des rues, plantées d'arbres, ressemblaient plutôt aux allées d'un parc qu'aux rues d'une ville. On n'y marchait qu'avec calme et solennité, et l'on n'y entendait presque jamais le roulement de grosses voitures. Jusqu'aux personnes des dernières classes s'efforçaient de montrer, dans leurs habits et dans leurs manières, une certaine délicatesse et la politesse que donne la bonne éducation.

Le palais n'était ni vaste ni construit dans un grand style; mais c'était, pour l'élégance et les justes proportions, un des plus beaux édifices que j'aie jamais vus. Il s'y joignait un parc agréable que le prince, dans sa générosité, avait ouvert aux habitans pour leur servir de promenade.

On me dit à l'auberge où je descendis, que la famille régnante avait coutume de faire tous les soirs une promenade dans le parc, et que les habitans saisissaient d'ordinaire cette occasion pour voir leur bon prince. Je n'eus rien de plus pressé que de m'y rendre à l'heure indiquée, et je vis le prince sortir du château accompagné de son épouse et d'une suite peu nombreuse. Hélas! je ne vis bientôt plus rien que la princesse qui ressemblait tant à ma protectrice. C'était la même noblesse, la même grâce dans les mouvemens, le même regard spirituel, la même élévation de front, le même sourire céleste. Elle me parut seulement mieux faite et plus jeune que l'abbesse. Elle parla d'un ton affable à plusieurs femmes qui se trouvaient par hasard dans l'allée, pendant que le prince paraissait livré à une conversation intéressante avec un homme d'un extérieur grave.

Les habits de l'auguste famille, sa conduite, ses alentours, tout s'accordait avec le ton de l'ensemble. On voyait clairement que la tenue et l'élégance sans prétention qui régnaient dans la résidence avaient leur source dans les goûts de la cour. Je me trouvai par hasard à côté d'un homme communicatif qui se montra disposé à répondre à toutes mes questions, et même parfois à y mêler des observations piquantes. Quand le prince fut passé, il me proposa de faire avec lui le tour du parc et de voir l'agréable distribution qu'offraient toutes ses parties. J'acceptai avec joie, et je trouvai qu'en effet un goût parfait avait présidé à sa décoration; seulement il me parut que le désir d'imiter l'antique, qui ne peut s'accorder qu'avec les circonstances les plus grandes, avait parfois entraîné l'architecte dans des petitesses. Des colonnes dont un homme d'une taille un peu élevée peut toucher le chapiteau, sont assez ridicules. D'un autre côté, on trouvait une couple d'édifices gothiques dont l'exiguité était par trop remarquable. Je ne sais si l'imitation de ces formes n'est pas plus dangereuse encore que celle de l'antiquité : car il ne suffit point, pour construire une chapelle gothique, de faire des colonnes accouplées, des ogives et des découpures. L'architecte doit remarquer que tous les beaux édifices de ce genre offrent un ensemble complet dans toutes leurs parties, et pour bien trouver cet ensemble, il est nécessaire d'être animé du génie du romantisme; puisque les règles qui peuvent servir de guides dans l'architecture classique sont ici sans pouvoir. Je fis ces remarques à mon guide, qui y accéda et qui ne chercha d'excuses pour ces défauts', que dans la nécessité de mettre de la variété dans un parc, et même d'y semer de distance en distance des fabriques, soit pour servir d'asiles en cas d'orages, soit uniquement pour se reposer. Je répliquai que

les plus simples pavillons ou des chau-
mières entourées d'arbres me paraissaient préférables à ces petits temples
et à ces petites chapelles.

« Je suis bien 'de votre avis , répondit
mon guide; mais je dois vous faire observer que ces petits édifices, ainsi que
la distribution tout entière du parc ,
sont l'ouvrage du prince, et cette circonstance fait taire la critique, du moins
pour nous qui sommes ses sujets. Le
prince est le meilleur homme qu'il y ait
au monde. Il a de tout temps fait voir
qu'il se regardait comme créé pour le
bonheur de ses sujets, et non pas ses
sujets comme créés pour le sien. La liberté de dire tout ce que l'on pense, la
modicité des impôts et le bas prix des
denrées qui en résulte; l'action toute
paternelle de la police, qui se contente
de réprimer sans bruit les entreprises
des méchans, et qui est bien éloignée

6*

de tourmenter les citoyens ou les étrangers par une action inquisitoriale; l'é-
loignement de la soldatesque et des dés-
ordres qui la suivent, le repos parfait
dans lequel chacun fait ses affaires ou
suit sa profession, ces diverses circonstances rendent fort agréable le séjour de notre pays. Je gage qu'on ne
vous a pas encore demandé votre nom
et votre état, et que votre hôte n'est pas
venu, comme partout ailleurs, vous
trouver au bout d'un quart d'heure, un
gros livre sous le bras, dans lequel vous
avez été obligé d'écrire votre propre signalement avec une mauvaise plume
et de l'encre pâle. En un mot, l'ordre
qui règne dans notre petit état, où l'on
trouve la véritable sagesse de la vie, est
dû à notre excellent prince, avant l'a-
vénement duquel on m'a assuré que les
habitans étaient tourmentés par le ridicule pédantisme d'une cour que l'on
pouvait regarder comme une édition en

petit format de la grande cour sa voisine. Notre prince aime les arts et les
sciences ; aussi tout savant, tout artiste
distingué en est bien reçu, et le génie
est le seul arbre généalogique qu'on
exige de lui pour lui assurer l'honneur
de] paraître dans la société du prince.
Mais peut-être dans ce goût même de
notre souverain pour les arts et les sciences règne-t-il quelque chose de ce pédantisme dont son éducation a été im-
bue. Il ne souffre pas la plus légère
déviation des idées ou des plans qu'il
s'est faits. Du reste ses goûts et ses amusemens varient: A l'époque où il faisait
distribuer le parc, il avait la passion de
l'architecture et du jardinage ; à ce goût
succéda celui de la musique, auquel
nous devons la formation d'une excel
lente chapelle. Il s'occupa ensuite de
peinture, art pour lequel il possède un
véritable talent. On retrouve la même
inconstance jusque dans les amusemens

journaliers de la cour. Autrefois on dan-
sait beaucoup ; maintenant on joue au
pharaon, et le prince, sans être aucune-
ment joueur, se plaît à examiner les
diverses chances qu'amène le hasard.
En attendant, il suffit de la plus légère
impulsion pour mettre quelque plaisir
nouveau à la mode. Ces prompts changemens dans les goûts du bon prince
lui ont valu le reproche de manquer de
cette profondeur d'esprit dans laquelle
l'image de la vie se réfléchit immuable-
ment comme dans une onde limpide;
mais, à mon avis, on lui fait tort, et
j'attribue au contraire sa conduite à un
besoin d'activité de l'esprit qui lui fait
suivre chacune de ses impulsions avec
une espèce de passion, sans pour cela
lui faire abandonner ou négliger les autres. De là vient que ce parc est toujours si bien entretenu, que notre chapelle et notre théâtre sont soutenus,
que la galerie de tableaux s'enrichit tous

les jours. Vous voyez donc que l'inconstance dont on accuse notre souverain,
n'influe en rien sur les choses impor-
tantes, et quant aux amusemens des
soirées de la cour, la variété qu'il y met
est un délassement que nous serions
fort injustes de lui reprocher. »

En ce moment nous passâmes auprès de bosquets et de groupes d'arbres disposés d'une manière tout-à-fait
pittoresque. Mon guide m'apprit qu'ils
avaient tous été dessinés par la princesse, qui réunissait au don de peindre
dans la perfection le paysage, celui
d'être fort versée dans l'histoire naturelle. Elle avait une singulière antipathie
pour les déesses, les naïades et les drya-
des dont le parc était autrefois rempli;
aussi les avait-elle toutes bannies pour
les remplacer par des arbres exotiques.
Quelques bonnes copies de l'antique
avaient seules été conservées à cause du

souvenir que le prince y attachait; mais
la princesse avait su les placer avec tant
d'art qu'elles faisaient un effet merveilleux, même sur les personnes qui igno-
raient la valeur particulière qu'elles
avaient pour cette auguste famille.

La soirée était avancée quand nous
quittâmes le parc. Mon guide accepta
l'invitation que je lui fis de souper avec
moi à mon auberge, et se fit enfin
connaître comme l'inspecteur de la galerie des tableaux du prince.

Je lui exprimai, quand quelques
verres de vin eurent avancé entre nous
la confiance, le désir que j'éprouvais
de me rapprocher de la famille du prince,
et il m'assura que rien ne serait plus
facile, attendu que tout étranger bien
élevé était sûr d'être bien reçu à la cour.
Il me dit que je n'avais qu'à faire une
visite au maréchal de la cour et le prier
de me présenter au prince. Cette ma-

nière de parvenir à mon but me plut
d'autant moins que je ne pouvais guère
me flatter de pouvoir éviter certaines
questions embarrassantes du maréchal
sur le lieu d'où je venais , sur mon état
et mon rang dans la société. Je résolus
d'après cela de m'abandonner au hasard,
dans l'espoir qu'il me procurerait un
moyen plus simple, ce qui ne tarda pas
en effet à arriver.

Un matin , comme je me promenais
dans le parc à une heure où il n'y avait
presque personne, je rencontrai le prince
vêtu d'une simple redingote. Je le sa-
luai comme s'il m'avait été tout-à-fait
inconnu. Il s'arrêta et commença la conversation par me demander si j'étais
étranger. Je répondis que je l'étais , et
j'ajoutai, qu'arrivé depuis peu de jours,
mon intention n'avait pas été de rester
fort long-temps , mais que l'agrément
que j'avais trouvé dans cette ville , joint

au repos dont on y jouissait, m'avait fait prolonger mon séjour au-delà du temps que je m'étais d'abord proposé, et que je pourrais bien y demeurer fort long-temps, attendu que j'étais indépendant, que je ne vivais que pour les arts et les sciences, et que tout ce que je voyais autour de moi m'enchantait.

Le prince parut fort content de mon discours, et offrit de me servir de cicerone dans le parc. Je n'eus garde de me trahir en lui disant que j'avais tout vu, et je me laissai conduire dans chacune des grottes, des temples, des chapelles gothiques, des pavillons, et j'écoutai le plus patiemment du monde les commentaires sans fin que le prince faisait sur chaque site. Partout il me nommait les modèles d'après lesquels on avait travaillé, me faisait remarquer l'exactitude avec laquelle on les avait suivis, et s'étendait surtout sur le but général que l'on avait eu , et qu'il regardait comme nécessaire toutes les fois que l'on voulait dessiner un parc. Il me demanda ce que j'en pensais. Je vantai la beauté de la position et la richesse de la végétation ; mais je ne crus pas devoir faire les observations que j'avais déjà faites à l'inspecteur de la galerie. Le prince m'écouta avec attention , ne rejeta pas toutes mes idées ; mais coupa court à la discussion en disant que , quoique je pusse avoir raison en ce qui ait rapport à la théorie , je paraissais manquer des connaissances nécessaires pour la pratique. La conversation tourna ensuite sur les arts ; je montrai des connaissances en peinture et en musique ; je me permis de contredire plusieurs des jugemens du prince. Ses discours exprimaient sa pensée avec esprit et avec une rare précision ; mais ils faisaient connaître aussi que , quoique ses talens surpassassent de beaucoup ceux que l'on a cou-

tume de rencontrer dans les grands , ils
étaient néanmoins beaucoup trop super-
ficiels pour qu'il pût même se douter de la
profondeur d'où le véritable artiste tire les
connaissances qui l'enflamment du feu
divin dont il a besoin pour arriver au vrai.
En attendant , mes observations lui pa-
rurent celles d'un amateur qui manque
d'ordinaire des vues nécessaires pour
exécuter. Il me parla du véritable but
de la peinture et de la musique, des con-
ditions d'un tableau et d'un opéra. J'entendis les mots de coloris , de draperies,
de groupes pyramidaux , de musique
sérieuse et comique, de scènes pour la
prima donna , de chœurs , d'effet , de
clair-obscur, etc. J'écoutai tout sans interrompre le prince , qui semblait se
complaire dans cette dissertation. A la
fin il la termina lui-même par la question :

« Jouez-vous au pharaon ? »

Je répondis négativement.

« C'est un jeu superbe , reprit le prince. Son extrême simplicité fait qu'il est le vrai jeu pour les hommes d'esprit. Il fait sortir de soi-même , ou pour mieux dire il place sur une hautenr d'où l'on peut contempler les étonnantes combinaisons et les enchaînemens de cette puissance mystérieuse que nous nommons le hasard. Le gain et la perte sont les deux pivots sur lesquels la machine se meut. Nous lui donnons l'impulsion , mais elle ne poursuit sa course que par la volonté du génie qui l'anime. Il faut que vous appreniez ce jeu. Ce sera moi qui vous donnerai des leçons. »

J'observai que je ne me sentais pas beaucoup de goût pour un jeu qui m'avait été dépeint comme fort dangereux et fort ruineux. Le prince sourit, et continua en me regardant de ses yeux vifs et clairs :

« Ce sont des esprits timorés qui pré-
tendent cela, mais vous me prenez peut-
être pour un joueur qui veut vous entraîner dans ses filets. Je suis le prince ;
si le séjour de ma capitale vous plaît,
restez-y et fréquentez mon cercle, où l'on
joue souvent au pharaon, sans que je
permette jamais à personne de s'y déran-
ger, quoiqu'il faille jouer gros jeu pour
qu'il intéresse. D'ailleurs le hasard est
paresseux quand on ne lui présente qu'un
appât peu important. »

Le prince se disposait déjà à me quitter quand il se retourna et me dit :

« Avec qui ai-je parlé? »

Je répondis que je m'appelais Léonard;
que, sans avoir de profession, je m'occu-
pais des sciences ; que du reste je n'étais
pas noble, et que par conséquent il ne
me serait peut-être pas permis de pro-

fiter de l'honneur qui m'avait été offert de paraître au cercle de la cour.

« Que parlez-vous de noblesse? reprit vivement le prince. Je viens de me convaincre par moi-même que vous êtes un homme plein d'esprit et d'instruction. La science vous anoblit et vous met complètement en état de paraître près de ma personne. Adieu , M. Léonard ; au revoir. »

Mon souhait se trouvait donc accompli plus promptement et plus facilement que je n'avais osé l'espérer. Pour la première fois de ma vie j'allais paraître à une cour; j'allais même en quelque sorte y vivre, et je me rappelai sur-le-champ tout ce que j'avais entendu dire des cabales, des ruses, des intrigues de la cour, telles qu'on les trouvent décrites par l'imagination fertile des écrivains de romans et de comédies. S'il fallait en

croire ces gens-là, le prince devait être
en touré de scélérats de toute espèce qui
ne lui permettaient pas de reconnaître
la vérité. Le maréchal de la cour devait
être un imbécile fier de sa noblesse,
le premier ministre un méchant ambi-
tieux et intéressé; les gentilshommes de
la chambre ne pouvaient manquer d'être
tous des hommes dissolus et des séduc-
teurs de jeunes filles. Je m'attendais à
trouver chaque visage artificieusement
arrangé dans les plis de l'amitié, tandis
que la perfidie règnerait au fond des
cœurs ; à voir les homme s'accabler
réciproquement de trompeuses caresses
et se déchirer en secret avec une haineuse
inimitié. Quant aux dames, je me les
figurais laides, fières, rusées et amou-
reuses, dressant des filets et des embû-
ches qu'il fallait craindre comme le feu.
Telle était l'idée que, d'après les lectures
que j'avais faites au séminaire, je me
formais d'une cour. J'étais convaincu

que le diable y régnait en souverain, et
quoique le prieur m'eût raconté bien
des anecdotes des cours où il s'était
trouvé, qui contrastaient avec mes pré-
ventions, je ne pus cependant m'en défaire, et l'effroi qu'elles m'inspiraient du-
rait encore en ce moment où j'allais enfin
en juger par moi-même. Le désir de me
rapprocher de la princesse, et une voix
secrète qui me répétait sans cesse, quoique vaguement, que c'était là que mon
sort se déciderait, me poussaient malgré
moi en avant, et, à l'heure indiquée, je
me trouvai dans les salons du prince.

CHAPITRE VII.

—

Le séjour assez long que je venais de
faire dans une grande ville de com-
merce m'avait servi à corriger tout ce
que mes manières conservaient de gau-
che, de roide, d'aigu, restes de la vie
de couvent. Mon corps, que la nature
avait rendu flexible et qui était remar-

quablement bien fait, s'accoutuma facilement aux mouvemens aisés et libres
qui conviennent au monde. La pâleur,
qui défigurait même les plus beaux visa-
ges des jeunes religieux, avait disparu du
mien. Je me trouvais dans l'âge de la
plus grande force. Elle colorait mes
joues et brillait dans mes yeux. Mes
cheveux, d'un brun foncé, cachaient jusqu'aux moindres traces de tonsure.
Ajoutez à cela que je portais un costume noir tout neuf que j'avais apporté
avec moi, et l'on concevra que mon arrivée
ne put manquer de faire un effet agréable sur la société déjà rassemblée. J'en
vis la preuve dans les prévenances que l'on
me témoigna, et qui me flattèrent sans
m'importuner, tant on sut rester dans
les bornes de la politesse la plus déli-
cate. De même que, d'après les idées
que je m'étais faites, le prince aurait dû
le matin, en se nommant, ouvrir sa ré-
dingote et étaler à mes yeux un brillant

crachat, de même aussi je croyais que les seigneurs qui l'entouraient ne se montreraient qu'en habits brodés et en cheveux poudrés à frimas. Je ne fus donc pas peu étonné de ne voir que des costumes simples et pleins de goût. Je commençai à croire que mon opinion de la cour pourrait bien n'être qu'un préjugé puéril. Mon embarras se dissipa donc peu à peu, et le prince finit par me rendre tout-à-fait mon courage en s'approchant de moi et en disant :

« Ah ! voilà M. Léonard! »

Son altesse se mit ensuite sur-le-champ à plaisanter sur le coup d'œil d'artiste avec lequel j'avais examiné son parc.

Les deux battans de la porte s'ouvrirent, et la princesse se présenta dans le salon de compagnie, suivie seule-

ment de deux dames. Combien je tremblai en la regardant, car à la lumière
des bougies elle ressemblait à ma protectrice bien plus encore qu'au grand jour.
Les dames de la société l'entourèrent.
On me présenta. La princesse me jeta
un regard dans lequel se peignaient de
l'étonnement et de l'émotion. Elle dit
à voix basse quelques mots que je ne
compris pas, et se tourna ensuite
vers une vieille dame, à qui elle en
ajouta quelques autres à l'oreille. Celle-
ci montra de l'inquiétude et me regarda
fixement. Tout cela fut l'affaire d'un
moment. .

Cependant la société se partageait en
groupes plus ou moins considérables ;
des conversations animées commencèrent, dans lesquelles régnait une agréable liberté. On sentait à la vérité qu'on
était à la cour et dans le voisinage du
prince ; mais ce sentiment n'avait rien

de gênant. Le maréchal de la cour était un homme âgé, vif et bon vivant ; je trouvai dans les gentilshommes des jeunes gens pleins de gaieté, qui ne paraissaient n'avoir aucune mauvaise intention. Les deux dames d'atours me semblèrent être sœurs ; elles étaient fort jeunes ; rien en elles n'attirait l'attention, et leur toilette était sans aucune prétention. Je remarquai surtout dans la société un petit homme à nez retroussé, avec des yeux étincelans, portant un habit noir et une épée à pommeau d'acier au côté, qui se glissait et serpentait entre le monde avec une rapidité incroyable, se trouvait tantôt ici, tantôt là, ne s'arrêtait nulle part, ne répondait à personne, répandait autour de lui cent traits d'esprit comme autant d'étincelles, et animait tout le salon. C'était le médecin ordinaire du prince.

La vieille dame, à qui la princesse

avait parlé, trouva moyen de tourner autour de moi avec tant d'adresse, que, sans m'en apercevoir, je me vis seul avec elle dans l'embrasure d'une fenêtre. Elle commença un entretien dans lequel, malgré sa ruse, je ne tardai pas à reconnaître l'intention de me questionner sur l'histoire de ma vie. J'y étais préparé, et convaincu que, dans de pareilles circonstances, le récit le plus simple est toujours le moins nuisible et le moins dangereux, je me bornai à lui dire que j'avais autrefois étudié la théologie; mais qu'ayant hérité d'un père assez riche, je m'étais décidé à voyager pour mon plaisir. Quant au lieu de ma naissance, je le plaçai dans la Prusse polonaise, et je lui donnai un nom si difficile à prononcer qu'il déchira les oreilles de la vieille dame, et lui ôta tout désir de me le demander une seconde fois.

« Vraiment, Monsieur! reprit cette

dame, je ne puis m'empêcher de vous
faire observer que vous avez une figure
qui pourrait bien réveiller ici de tristes
souvenirs. Vous êtes peut-être d'un rang
plus élevé que vous ne voulez l'avouer :
car vos manières n'indiquent en aucune
façon l'étudiant en théologie. »

Après que l'on eut pris quelques rafraî-
chissemens, la société passa dans le salon où le jeu du pharaon avait été préparé. Le maréchal de la cour était
banquier, mais j'appris qu'il jouait pour
le compte du prince, en ce sens qu'il
gardait pour lui tout le gain, et que le
prince lui rendait la perte toutes les fois
qu'elle allait jusqu'à entamer le fonds de
la banque.

Les hommes de la cour se rangèrent
autour de la table, à l'exception du
médecin qui ne jouait jamais, et qui
demeurait auprès des dames. Le prince

m'appela près de lui. Il fallait que je
restasse à ses côtés : c'était lui qui choi-
sissait mes cartes, après m'avoir fait
connaître en peu de mots la marche du
jeu. Le prince eut du malheur, et il
m'entraîna nécessairement dans le sien.
Ma perte ne tarda pas à devenir considérable, car la moindre mise était d'un
louis. Mes fonds commençaient à bais-
ser, et j'avais déjà plus d'une fois réflé-
chis à ce que je deviendrais quand ma
bourse serait tout-à-fait vide. Aussi, je
maudissais de bon cœur le jeu qui, dans
une seule soirée, pouvait me réduire à
la misère.

Une nouvelle taille commença, et
je priai le prince de me laisser pour
cette fois à mes propres inspirations :
car je craignais, par mon malheur décidé au jeu, d'être cause du sien. Son
altesse observa en riant que je pouvais
recouvrer ce que j'avais perdu en sui-

vant les avis d'un joueur expérimenté;
mais qu'il ne serait pourtant point fâché
de voir comment je me conduirais
quand je serais abandonné à mes seules
forces. Je tirai donc une carte sans la
regarder : c'était la dame. On me trou-
vera ridicule sans doute si j'assure que
dans cette pâle figure je crus retrouver
les traits d'Aurélie. Je tenais les yeux
fixés sur la carte, sans pouvoir à peine
maîtriser mon émotion. L'appel du
banquier, qui demandait si le jeu était
fait, me tira de ma distraction. Sans
réfléchir, je pris les derniers cinq louis
qui me restaient et je les mis sur la
dame. Elle gagna. Je continuai à mettre sur la même dame en augmentant
toujours mon enjeu, à mesure que mon
gain croissait. Toutes les fois que je re-
mettais, les joueurs se récriaient et di-
saient : Non, cela est impossible ; il faut
que cette fois la dame devienne infidèle!
Mais au contraire, c'était elle seule

qui gagnait ; toutes les cartes des autres joueurs perdaient.

« Cela est miraculeux ! cela est inouï ! » retentissait de tous les côtés, pendant que tranquille et rentré en moi-même, je ne songeais qu'à Aurélie et faisais à peine attention aux monceaux d'or que le banquier m'envoyait à cha-que coup. En un mot, dans les quatre dernières tailles, la dame avait gagné sans relâche, et mes poches étaient rem-plies d'or. Cette carte m'avait valu deux mille louis, et quoique, par cette heu-reuse circonstance, je fusse à l'abri de toute inquiétude, je ne pouvais me dé-fendre d'un sentiment désagréable. Je me rappelais le coup de fusil que j'avais tiré au hasard et qui avait abattu deux perdrix, et malgré moi je trouvais quel-que liaison inexplicable entre cette aventure et le bonheur que je venais d'avoir au jeu. Il me paraissait clair que

7*

ce n'était pas moi, mais la puissance
étrangère qui s'était emparé de mon
être, qui faisait toutes ces choses mer-
veilleuses, tandis que je n'étais qu'un
aveugle instrument dont cette puissance
se servait pour un but qui me demeurait
inconnu. Je me sentis pourtant consolé
par l'idée que je reconnaissais moi-même
cette division qui régnait en moi ; et j'y
voyais le premier élément d'une force
qui, en se développant, me mettait en
état de combattre et de vaincre l'ennemi.
L'image d'Aurélie que je voyais partout
ne pouvait être autre chose qu'une infâme séduction, et un pareil abus d'une
image chère à mes yeux me remplissait
d'horreur et d'effroi.

Le lendemain matin je parcourais le
parc dans l'humeur la plus triste, quand
je rencontrai le prince qui avait aussi
coutume de se promener à cette heure.

« Eh bien ! M. Léonard, me dit son

altesse, comment trouvez-vous mon jeu
de pharaon ? Que dites-vous de la bi-
zarrerie du sort qui vous a pardonné
vos nombreuses imprudences et vous a
comblé de richesses? Vous aviez par
bonheur tiré la carte favorite; mais je
ne vous conseille pas de vous fier toujours autant que cela, même à la carte
favorite. »

Le prince s'étendit ensuite longue-
men sur la carte favorite, me donna les
règles les plus sûres, selon lui, pour
diriger le hasard, et finit en me disant
que sans doute j'allais maintenant poursuivre mon bonheur inouï. Je répondis
au contraire franchement que ma ferme
résolution était de ne plus toucher dé-
sormais une carte. Le prince me regarda
d'un air surpris.

« C'est précisément le bonheur sans
exemple que j'ai eu hier qui m'a fait

prendre cette résolution : car tout ce que j'avais entendu dire du danger de ce jeu ruineux se trouve par là pleinement confirmé. J'ai vu quelque chose d'effrayant à songer que tandis que la carte que j'avais tirée venait de renouveler en moi un souvenir douloureux et déchirant, je me sentais saisi par une puissance inconnue, par celle du jeu qui me jetait des monceaux d'or, comme si j'eusse été moi-même cette puissance, et qu'en songeant à la personne dont cette carte inanimée me retraçait l'image, je pusse commander au hasard et enchaîner ses combinaisons les plus funestes. »

« Je vous comprends, dit le prince, vous avez été malheureux en amour, et la carte vous a rappelé l'image de l'amante que vous avez perdue ; vous me permettrez pourtant de vous dire que je trouve quelque chose de risible

dans cette idée, quand je me figure le
visage large, pâle et comique de cette
dame de cœur qui vous est tombée dans
la main. Quoi qu'il en soit, vous avez
pensé à votre bien-aimée, et elle vous a
été plus fidèle au jeu qu'elle ne paraît
l'avoir été dans le monde; mais, ce qu'il
m'est impossible de comprendre, c'est
que vous trouviez quelque chose d'effrayant dans cette pensée. Il me semble,
au contraire, que vous devriez vous réjouir de ce que le sort vous a favorisé ;
et, à tout prendre, si la liaison que vous
avez cru remarquer entre votre amante
et le hasard vous a été si désagréable ,
ce n'est pas la faute du jeu , mais de la
disposition particulière où vous vous êtes
trouvé. »

— « J'en conviens , Monseigneur ,
mais je ne sens que trop que le vrai danger de ce jeu ne provient pas de la perte
dans laquelle il peut nous entraîner,

mais plutôt de la témérité qu'il nous
inspire, témérité par laquelle nous
combattons ouvertement la puissance
secrète qui ne sort avec éclat de son
obscurité que pour nous séduire par une
image trompeuse et nous entraîner dans
une région où elle s'empare de nous et
nous écrase avec mépris. L'homme n'est
déjà que trop porté à entreprendre
ce combat contre le sort auquel il ne
renonce pas même à son dernier soupir.
C'est donc là, Monseigneur, le vrai
danger, selon moi, de ce jeu ; mais,
indépendamment de celui-là, un joueur
passionné peut, par la seule perte de
son argent, se voir placé dans la position la plus pénible. J'avouerai à Votre
Altesse que je me suis vu hier au moment de perdre toute la somme que j'a-
vais destinée aux frais de mon voyage. »

— « Je l'aurais appris tôt ou tard, et
je vous aurais dédommagé amplement

de votre perte : car je ne veux pas que
personne se ruine pour mon amuse-
ment ; d'ailleurs cela ne peut arriver
chez moi : car je connais tous mes
joueurs et je ne les perds pas de
vue. »

— « Mais ces limites mêmes, Monseigneur , ôtent la liberté du jeu et
mettent des bornes à ces combinaisons
du hasard qui offrent tant d'intérêt à
Votre Altesse ; d'ailleurs ne pourrait-il
pas arriver que telle ou telle personne,
qui se trouverait irrésistiblement en-
traînée par la passion du jeu , trouvât
des moyens de se dérober , pour son
propre malheur, à votre bienfaisante sur-
veillance et ne causât ainsi sa ruine?....
Pardonnez ma hardiesse, Monseigneur,
je crois encore que toutes les fois que
l'on met visiblement des bornes à la liberté , même dans les cas où elle serait nuisible et deviendrait une source

d'abus, ces bornes paraissent insup-
portables parce qu'elles contrarient trop
directement la nature humaine. »

— « Il paraît, M. Léonard, que
vous n'êtes de mon avis sur rien. »

Le prince prononça ces mots avec un
peu de vivacité et s'éloigna promptement en me disant légèrement : «Adieu.»
Je ne concevais pas moi-même comment j'avais fait pour parler avec tant
de franchise, et je n'avais jamais assez
réfléchi sur le jeu pour croire que je
pusse exprimer mes idées avec autant
d'ordre et de netteté. Je regrettai d'a-
voir perdu la faveur du prince, ainsi
que le droit de paraître au cercle de
la cour, droit qui me procurait l'occasion de m'approcher de la princesse;
mais je me trompais, car dès le soir
même je reçus une carte d'invitation
pour le concert de la cour, et le prince,

en passant devant moi, me dit avec une gaieté amicale :

« Bonsoir, monsieur Léonard, je désire que ma chapelle se distingue ce soir, afin que ma musique vous plaise mieux que mon parc. »

La musique fut réellement très-agréable. Les morceaux furent tous joués avec une grande précision; mais le choix ne m'en parut pas fort heureux, l'effet de l'un détruisant celui de l'autre; il y eut surtout une longue scène qui me parut avoir été composée d'après une forme prescrite et qui me causa un ennui mortel. Je n'eus garde de faire connaître à cet égard ma véritable opinion, et je fis d'autant plus sagement que j'appris plus tard que cette longue scène avait été composée par le prince lui-même.

CHAPITRE VIII.

JE ne fis aucune difficulté de paraître sans autre invitation au cercle du lendemain, et je me préparais à prendre place au pharaon afin de me réconcilier entièrement avec le prince; mais ma surprise fut grande en découvrant au lieu de la banque un petit nombre de parties ordinaires, pendant que les personnes, tant hommes que femmes, qui ne jouaient pas entamèrent une conversation animée et spirituelle. Chacun trouvait quelque anecdote agréable à raconter. Mon éloquence naturelle me fut dans cette occasion d'un grand secours ; je fis le récit de plusieurs traits de ma propre vie, que j'attribuai à d'autres personnes et dont j'augmentai l'intérêt en les couvrant d'un vernis romanesque. Je fixai de cette manière l'attention du cercle et j'emportai son approbation ; mais le prince préférait les récits gais et un peu satiriques, et, sous ce rapport, personne ne pouvait égaler le médecin, de qui le fond d'anecdotes originales et burlesques était inépuisable.

Ce genre d'entretien s'étendit par la suite au point que plusieurs personnes apportaient avec elles de petits mémoires.

qu'elles avaient mis par écrit et dont elles faisaient la lecture à la société, qui prit de cette manière l'apparence d'une réunion littéraire à laquelle le prince présidait et dans laquelle chacun s'emparait de la partie qui convenait le mieux à la tournure de son esprit.

Quant à moi, je me trouvais dans un monde tout-à-fait nouveau. Plus je m'accoutumais au train de vie tranquille et agréable de la résidence, plus on m'y accordait une place que je pouvais remplir avec honneur pour moi et satisfaction pour les autres, moins je pensais, soit au temps passé, soit à la possibilité d'un changement dans ma situation actuelle. Le prince paraissait prendre un plaisir particulier à ma société, et, d'après plusieurs mots qui lui échappèrent, je conclus qu'il avait l'intention de m'attacher d'une manière ou d'une autre à sa personne. On ne saurait nier qu'il ne régnât à la cour une sorte d'uniformité dans l'éducation, une certaine manière pareille dans tout ce qui avait rapport aux sciences et aux arts, qui s'étendait sur toute la résidence et qui ne pouvait manquer d'en dégoûter bientôt toute personne de génie habituée à une grande liberté. En attendant, l'habitude que j'avais prise depuis long-temps de me soumettre à des formes réglées contribuait à me rendre moins insupportable l'assujettissement qu'occasionait cette uniformité.

Malgré la distinction dont le prince m'honorait, et la peine que je me donnais pour fixer l'attention de la princesse, celle-ci demeurait toujours également froide et réservée. Ma présence paraissait même souvent l'inquiéter, et ce n'était qu'avec un effort visible qu'elle m'adressait de temps à autre quelques paroles de politesse. Je fus plus

heureux auprès des dames qui l'entouraient. Mon extérieur avait fait sur elles
une impression favorable, et leur fré-
quentation me permit d'acquérir bientôt ce talent que l'on appelle de la
galanterie, et qui n'est autre chose que
l'art d'ajouter à la conversation une
flexibilité de corps qui fait que l'on paraît toujours approprié au lieu où l'on se
trouve. C'est le singulier don d'adapter
à des riens des mots importans et de
procurer par ce moyen aux femmes une
certaine satisfaction, de l'origine de laquelle elles ne se rendent pas compte.
Il est facile de comprendre, d'après ce
que je viens de dire, que cette galanterie relevée ne consiste point en gros-
sières flatteries, quoique dans cette intéressante causerie, qui ressemble à un
hymne d'adoration, on les introduise en
quelque sorte en elles-mêmes, on leur
dévoile leurs propres sentimens, mais
sous un jour si brillant, qu'elles pren-

nent plaisir à les contempler. Qui aurait pu reconnaître en moi le moine
défroqué? Le seul lieu qui eût pour moi
du danger était peut-être l'église, où
j'avais de la peine à éviter la tenue et
les manières usitées au couvent.

Le médecin du prince était la seule
personne qui n'offrît pas l'empreinte
commune de toutes celles qui m'entouraient. Cette circonstance nous attira
mutuellement l'un vers l'autre, car il
savait que, dans le commencement, j'a-
vais formé le parti de l'opposition, et
que c'étaient mes observations hardies
qui avaient décidé le prince, dont l'âme
s'ouvrait toujours à la vérité, à bannir
le pharaon abhorré de tous les courti-
sans.

Il arriva, d'après cela, que nous nous
trouvions souvent ensemble, et nous
parlions alors, soit d'arts et de sciences,
soit de la vie humaine et de ses vicissi-

tudes. Le médecin respectait la princesse
autant que moi ; il m'assura qu'elle avait
fait renoncer le prince à plus d'une idée
absurde et qu'elle savait prévenir chez
lui l'ennui avant qu'il ne pût naître, en
lui mettant dans les mains quelque jouet
innocent.

Un jour je venais de me plaindre de
ce que, sans pouvoir en deviner la cause,
ma présence semblait souvent occasio-
ner à la princesse une sensation pénible.
Nous nous trouvions précisément en ce
moment dans la chambre du médecin.
Il se leva aussitôt et tira d'un secrétaire
un petit portrait en miniature, qu'il me
mit dans la main en m'engageant à le
regarder avec beaucoup d'attention. Je
fis comme il me dit, et, à ma grande
surprise, je reconnus tous mes traits
dans ceux de l'homme que ce portrait
représentait. Il aurait même pu servir
pour le mien, en changeant le costume

et la coiffure, qui étaient d'une mode long-temps passée. Je fis part de mon étonnement au médecin, qui me répondit :

« C'est précisément cette ressemblance qui effraie et tourmente la princesse, toutes les fois que vous vous approchez d'elle : car votre figure lui rappelle un événement terrible dont la cour a été frappée il y a plusieurs années comme d'un coup de foudre. Mon prédécesseur, qui est mort il y a quelque temps, et dont je suis l'élève, m'a confié cette aventure; c'est de lui que je tiens ce portrait, qui représente un ancien favori du prince, nommé Francesco, et qui est, ainsi que vous pouvez le voir, un chef-d'œuvre pour le travail. Il a été peint par le mystérieux peintre étranger qui se trouvait à cette époque à la cour, et qui a joué le principal rôle dans cette tragédie. »

En regardant le portrait, il s'éleva dans mon esprit certaines idées confuses auxquelles je cherchais vainement à donner de la clarté. Il me semblait que j'allais apprendre un secret qui me concernait personnellement, et je pressai vivement le médecin de me raconter une aventure dont ma ressemblance avec le héros me donnait une sorte de droit à apprendre les détails.

«Je conçois, me dit-il, que cette circonstance remarquable doive exciter en vous une vive curiosité, et quelle que soit ma répugnance à parler de cet événement sur lequel, pour moi du moins, un voile mystérieux demeure étendu, voile que du reste je n'ai aucun désir de soulever, vous allez apprendre tout ce que j'en sais moi-même. Un grand nombre d'années se sont écoulées depuis cette scène, et les principaux acteurs en ont quitté le théâtre. Son souvenir seul cause encore des sensations douloureuses. Je vous prie cependant de ne communiquer à personne ce que je vais vous dire. »

Je le lui promis, et il commença son récit en ces termes :

« Notre prince venait à peine de se marier, quand son frère revint de ses voyages dans des pays éloignés, avec un homme auquel il donnait le nom de Francesco, quoique l'on sût qu'il était allemand, et avec un peintre. Le jeune prince était un des plus beaux hommes que l'on eût jamais vus, et surpassait son frère aîné autant sous ce rapport que sous celui de l'esprit et de l'ardeur. Il fit sur la princesse, qui poussait jusqu'à l'excès la vivacité du caractère, une impression d'autant plus forte, que son nouvel époux était pour elle d'une humeur trop froide et trop compassée. Les grâces et la beauté extraordinaire dont

elle brillait ne purent manquer d'attirer aussi les regards de son beau-frère.
Leur liaison n'avait rien de coupable,
mais il leur fut impossible de ne pas
céder à la force qui les entraînait, et
une flamme réciproque continua ainsi
à les consumer en secret.

»La seule personne qui pût se comparer au jeune prince était Francesco;
aussi fit-il sur le cœur de la sœur aînée
de la princesse la même impression
que son ami avait faite sur celui de notre
souveraine. Francesco ne tarda pas à
deviner son bonheur; il en profita avec
une adresse consommée, et l'inclination de son amante devint bientôt l'a-
mour le plus ardent. Le prince était
trop convaincu de la vertu de son épouse
pour ne pas rejeter les insinuations per-
fides qui lui étaient faites; mais sa position, vis-à-vis de son frère, lui devint
néanmoins fort pénible, et il n'y avait

que Francesco, qu'il estimait à cause de
son génie extraordinaire et de sa prudence, qui pût parvenir à le maintenir
dans une certaine égalité d'humeur.
Notre prince voulut l'élever aux premiers emplois de la cour; mais Francesco se contenta des priviléges secrets
de favori, et de l'amour de la belle-sœur
du prince.

» Les affaires demeurèrent pendant
quelque temps dans cette position, quand
une jeune princesse italienne arriva à
la cour, où elle fut reçue avec de grands
honneurs. Il est probable que c'est
notre prince régnant qui disposa cette
circonstance à l'insu du reste de sa famille : car vous remarquerez que le jeune
prince, se trouvant dans le cours de ses
voyages à la résidence du père de cette
Italienne, en était devenu amoureux et
l'avait demandée en mariage. On m'a
souvent parlé de la beauté sans exemple

et des grâces incomparables qui la dis-
tinguaient; on peut, du reste, s'en faire
une légère idée à la vue de son portrait
qui orne encore la galerie. Sa présence
dissipa l'ennui qui , depuis quelque
temps , régnait à la cour. Elle surpassait toutes nos dames , sans en excep-
ter même notre princesse et sa sœur.

» Bientôt après l'arrivée de l'étrangère
la conduite de Francesco changea d'une
manière frappante. On eût dit qu'une
peine secrète le consumait ; il devint
triste et réservé, et négligea son illustre
amante. Le jeune prince était devenu
rêveur comme lui. Il se sentait entraîné
par des impulsions auxquelles il ne
pouvait résister. L'arrivée de l'Italienne
fut un coup de poignard pour la princesse régnante. Quant à sa sœur, dont
l'esprit était romanesque, tout le bonheur de sa vie s'était dissipé avec l'amour
de Francesco.

» Le jeune prince fut le premier qui reprit courage. La sévère vertu de sa belle-sœur le livrait sans défense aux séductions de l'Italienne. Son amour sans espoir s'éteignit peu à peu, et il sentit, dans la même proportion, se ranimer graduellement son ancienne passion. A mesure que le prince rentrait dans ses premières chaînes, la conduite de Francesco devenait plus extraordinaire ; il ne paraissait presque plus à la cour, errait solitaire dans la campagne et restait quelquefois pendant plusieurs semaines de suite loin de la résidence. Par contre, le peintre mystérieux, qui jusqu'alors avait fui la société des hommes, se faisait voir davantage et travaillait de préférence dans l'atelier que l'Italienne lui avait fait arranger dans sa maison. Il la peignit plusieurs fois avec une expression sans égale. Il paraissait mal disposé à l'égard de la princesse régnante ; il refusa de faire son portrait,

tandis qu'au contraire il peignit sa sœur
d'une ressemblance frappante, sans
qu'elle lui eût donné une seule séance.

» L'Italienne montrait tant d'atten-
tions à ce peintre, qui de son côté la
traitait avec un tel mélange de confiance
et de galanterie, que le prince en devint
jaloux. Un jour il le trouva travaillant
au portrait de la princesse étrangère,
et tellement préoccupé de son ouvrage,
qu'il ne remarqua pas l'entrée du prince.
Celui-ci, mécontent, lui dit ouvertement qu'il lui ferait plaisir de ne plus
travailler en ce lieu et de chercher un
autre atelier. Le peintre, avec le plus
grand sang-froid, essuya son pinceau et
ôta son tableau du chevalet. Le prince,
de plus en plus irrité, le lui arracha des
mains en lui disant qu'il était si ressem-
blant qu'il voulait le garder pour lui. Le
peintre, sans se déconcerter, demanda
seulement la permission d'y mettre la

dernière main par deux ou trois coups
de pinceau. Le prince le remit sur le
chevalet et tressaillit lorsque, voulant
le reprendre au bout de quelques instans, il vit que le peintre l'avait tot a-
lement défiguré. Le peintre poussa un
grand éclat de rire, puis il se retira
lentement. Arrivé près de la porte, il
jeta au prince un regard sévère et per-
çant et lui dit d'un ton grave et solen-
nel : Maintenant tu es perdu.

« Quand cette aventure arriva, l'Italienne était déjà fiancée au jeune prince,
et les noces devaient avoir lieu sous peu
de jours. Le prince s'inquiéta d'autant
moins de la conduite du peintre qu'il
passait pour avoir des momens d'égarement. Celui-ci rentra dans la petite
chambre où il demeurait pendant des
journées entières les yeux fixés sur une
grande toile tendue. Sous le prétexte de
travailler à des tableaux fort importans,

8*

il sortait peu , oubliait la cour, et en était à son tour oublié.

» La cérémonie du mariage du jeune prince avec l'Italienne s'accomplit avec la plus grande solennité au palais. La princesse régnante avait cédé de bonne grâce à son sort et avait renoncé à une inclination qu'elle n'aurait jamais pu espérer de satisfaire. Sa sœur était au comble de la joie, car son bien-aimé Francesco avait reparu plus éclatant, plus enjoué que jamais. Les jeunes époux devaient habiter une aile du château que le prince avait fait arranger pour eux. Les changemens qu'il y avait fait faire l'avaient placé dans son véritable élément. Pendant plusieurs semaines il ne fut entouré que d'architectes, de peintres et de tapissiers; il ne cessa de feuilleter de gros volumes et d'étaler des plans, des dessins, des esquisses, au nombre desquels il s'en trouvait qu'il avait faits lui-même, et ce n'étaient pas les meilleurs. Ni le jeune prince ni la mariée ne furent admis à voir leurs appartemens que le soir même de leur mariage, parce que leur frère voulait les surprendre par le goût et l'élégance avec lesquels il les avait fait décorer. Il les y conduisit en cérémonie, et la fête se termina par un bal donné dans un superbe salon, tellement orné de fleurs, qu'il ressemblait à un jardin.

» Vers le milieu de la nuit un bruit sourd se fit entendre dans l'aile du palais habitée par les nouveaux mariés; il devint de plus en plus fort, et arriva enfin aux oreilles du prince, qu'il réveilla. Craignant quelque malheur, il se leva précipitamment et courut, suivi de ses gardes, vers l'appartement assez éloigné de son frère. En entrant dans un large corridor, il vit le jeune époux que plusieurs personnes emportaient; il avait

été poignardé devant la porte de la
chambre de la mariée. Je vous laisse
à juger de l'effroi et du désespoir de
toute l'auguste famille.

» Quand notre prince eut repris un
peu de calme, il se demanda comment ce
meurtre avait pu être commis, et comment l'assassin avait pu s'échapper au milieu des gardes dont tous les passages
étaient garnis. On visita, mais inutile-
ment, tous les endroits où il aurait pu se
cacher. Le page qui avait été de service
auprès du jeune prince raconta que
son maître avait éprouvé de funestes
pressentimens, qu'il s'était promené
long-temps dans son cabinet avant de se
laisser déshabiller, après quoi il s'était
fait éclairer par lui jusqu'à l'antichambre
de l'appartement de la mariée. Le prince
lui avait pris le flambeau des mains et
l'avait renvoyé. Mais à peine le page
était-il sorti de l'appartement qu'il en-

tendit un cri étouffé et le double bruit
d'un corps lourd qui tombait et celui du
flambeau. Il était retourné immédiate-
ment sur ses pas, et à la lueur d'une bou-
gie qui continuait à brûler par terre, il
avait vu le prince étendu devant la porte
de la chambre à coucher, et à côté de
lui un petit couteau teint de sang. A
cette vue, il avait sur-le-champ donné
l'alarme.

» D'après le récit de la mariée, son
époux était entré chez elle d'un pas
pressé aussitôt qu'elle eut eu renvoyé
ses femmes, s'était hâté d'éteindre toutes les bougies, était resté une demi-
heure avec elle, s'était ensuite éloigné,
et le meurtre avait été commis quelques
minutes après.

» On avait épuisé toutes les conjectu-
res, et on renonçait déjà à découvrir le
coupable, quand une femme de cham-

bre de la mariée, qui d'une pièce dont
la porte était entr'ouverte avait été témoin de la scène qui avait eu lieu entre
le prince et le peintre, raconta avec
tous ses détails ce qu'elle avait entendu.
Personne ne douta dès lors que le peintre n'eût trouvé moyen de se glisser
dans le palais, et que ce ne fût lui qui
avait assassiné le prince. On donna ordre aussitôt de l'arrêter ; mais quand la
justice arriva chez lui, elle apprit qu'il
avait disparu depuis deux jours sans que
personne sût ce qu'il était devenu. La
cour demeura livrée au deuil le plus
profond, que toute la résidence partagea
avec elle, et ce fut de nouveau Francesco qui, fréquentait comme aupara-
vant l'auguste cercle de famille, qui
seul trouva moyen de percer par quelques rayons de soleil les sombres nuages dont elle était entourée.

» La jeune veuve se déclara enceinte,

et comme il paraissait certain que l'assassin de son mari avait profité de l'obscurité pour commettre un double crime, elle se rendit dans un château éloigné qui appartenait au prince, afin d'y mettre en secret au monde ce fruit de l'erreur et de la perfidie, et de ne point introduire un étranger dans la famille du prince.

» La liaison de Francesco avec la sœur de la princesse régnante devint de plus en plus intime dans ces temps de douleur, et l'amitié du prince et de son épouse pour lui augmentait dans la même proportion. Depuis long-temps le prince était instruit du secret de Francesco, et ne pouvant plus résister aux instances de son épouse et de sa belle-sœur, il finit par consentir à son hymen secret avec celle-ci. Francesco devait entrer au service d'une cour étrangère, avec laquelle le prince avait des liaisons particulières,

et y acquérir un haut grade militaire,
après quoi la main de la princesse lui
serait publiquement accordée.

» Le jour du mariage arriva : le prince,
la princesse régnante, deux personnes de
confiance, l'une desquelles était mon
prédécesseur, furent les seuls témoins
de cette cérémonie, qui se fit dans la chapelle du château. Un seul page qu'on
avait mis dans le secret surveillait la
porte.

» Le couple était devant l'autel, le
confesseur du prince, ecclésiastique
âgé et vénérable, prononçait la bénédic-
tion nuptiale, quand tout à coup Francesco pâlit, et les yeux fixes dirigés vers
un des piliers de l'autel, il s'écria d'une
voix étouffée : Que veux-tu de moi?
Contre ce pilier était appuyé le peintre;
vêtu d'un costume étrange, un manteau
violet rejeté par-dessus l'épaule, il pa-

raissaît vouloir, de son regard de fantôme, percer jusqu'au fond de l'âme de
Francesco. La princesse était près de se
trouver mal; tous les assistans trem-
blaient, saisis d'effroi; le prêtre seul
demeurait calme; il dit à Francesco :
Pourquoi l'aspect de cet homme t'ef-
fraie-t-il, si ta conscience est pure? A
ces mots Francesco, qui était encore
agenouillé, se leva précipitamment et se
jeta sur le peintre, un petit couteau à
la main; mais avant de l'atteindre il
tomba par terre en poussant un gémissement sourd, et le peintre disparut derrière le pilier.

» Sortant d'une espèce d'étourdisse-
ment, chacun s'empressa de courir au
secours de Francesco, qui était couché
sans mouvement. Afin d'éviter tout
éclat, il fut porté dans l'appartement du
prince par les deux témoins de confiance.
Quand il revint de son évanouissement,

II.   9

il supplia qu'on le laissât seul dans son logement, sans vouloir répondre à aucune question sur ce qui s'était passé à l'église. Le lendemain on apprit qu'il avait quitté la résidence, emportant avec lui tous les objets précieux qu'il devait à la faveur du prince. Celui-ci ne négligea rien pour découvrir la cause de sa conduite mystérieuse, ainsi que de la singulière apparition du peintre. La chapelle avait deux issues, l'une desquelles conduisait des appartemens intérieurs du palais aux tribunes près de l'autel, et l'autre du grand vestibule dans la nef de la chapelle. Cette dernière entrée était gardée par le page, tandis que l'autre avait été fermée à clef. Il demeura par conséquent inexplicable comment le peintre avait pu pénétrer dans la chapelle et en ressortir sans avoir été aperçu. Le couteau que Francesco avait tiré contre le peintre était demeuré dans sa main serrée par un mouvement convul-

sif, et le page, qui était le même qui
avait été autrefois au service du malheureux prince assassiné, déclara qu il le re-
connaissait parfaitement pour être celui
qu'il avait trouvé près du corps de son
maître , le manche d'argent brillant ne
lui permettant pas de s'y tromper.

» Peu de temps après ce mystérieux
événement, il arriva des nouvelles de la
jeune veuve. Le jour même où Francesco
avait dû se marier, elle avait donné le
jour à un fils et était morte peu d'heures
après sa délivrance. Le prince pleura sa
perte , quoique l'aventure de la nuit de
ses noces pesât sur elle et l'exposât à des
soupçons peut-être injustes. Son fils ,
fruit d'un attentat infâme, fut élevé dans
les pays étrangers sous le nom du comte
Victorin. La jeune princesse , je veux
dire la sœur de la princesse régnante ,
le cœur déchiré par les terribles événemens dont elle avait été témoin et

victime, en un si court espace de temps,
se retira dans un couvent. Vous savez
sans doute qu'elle est maintenant abbesse
du couvent des Bernardines à***. Ce qui
ajoute au mystère dont ces divers événemens sont enveloppés , c'est la terrible
aventure qui est arrivée il n'y a pas fort
long-temps , au château du baron de
F***, et qui paraît avoir avec eux une liaison qu'il est difficile d'expliquer. Vous
savez que l'abbesse, touchée par le malheur d'une pauvre femme qui , en revenant d'un pèlerinage au Tilleul Sacré ,
avait demandé avec ses enfans l'hospita-
lité chez elle , s'était décidée à.... »

Ici une visite interrompit le récit du
médecin , et je parvins heureusement à
cacher l'orage qu'il avait excité dans mon
sein. Je ne pouvais pas douter que Fran.
cesco ne fût mon père, et que ce ne fût
lui qui avait tué le prince avec le même
couteau avec lequel j'avais donné la mort

à Hermogène ! Je pris la résolution de partir pour l'Italie , afin de sortir du cercle magique où une puissance inconnue m'avait introduit. Le soir même je me rendis à la cour ; on y parlait beaucoup d'une jeune dame d'une beauté extraordinaire qui devait paraître pour la première fois dans la suite de la princesse.

Les deux battans de la porte s'ouvrirent ; la princesse se présenta; derrière elle marchait l'étrangère. Je reconnus.... Aurélie !

FIN DU TOME SECOND.